예쁜손뜨개의 인형 옷·소품 DIY

나의 소중한
파올라 레이나를
위하여

예쁜손뜨개 지음

예쁜손뜨개의 인형 옷·소품 DIY

나의 소중한 파올라 레이나를 위하여

예쁜손뜨개 지음

Paola Reina

BM (주)도서출판 성안당

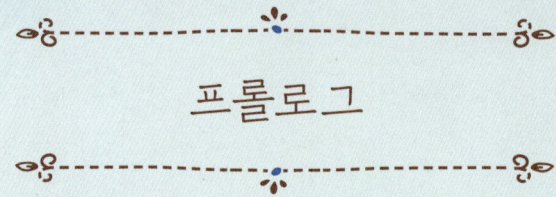

프롤로그

『나의 소중한 파올라 레이나를 위하여』로 독자분들과 만나게 되어 영광입니다. '예쁜손뜨개'의 첫 번째 이야기를 여러분과 함께하게 되어 반갑고, 행복합니다.

먼저 뜨개를 좋아하고 사랑하는 예쁜손뜨개 팀을 소개할게요. 뜨개질하는 손은 참 아름답고 예쁘죠? 그래서 '예쁜손뜨개'라는 팀이 만들어졌고, '나정', '쿠리', '하밍구', '실타래', '니트라라'라는 이름의 팀원들이 함께 활동하고 있습니다. 17년 넘게 손뜨개 강의와 뜨개 공방을 운영해온 작가, 니트 관련 일에 종사하는 작가, 니트 디자인을 전공한 작가, 공대&미대 출신의 웹 디자이너로 활동하고 있는 작가들이 모인 팀이에요.

저희는 인형 옷의 매력에 빠져 베이비돌을 시작으로 육일돌에서 파올라 레이나까지, 다양한 인형들의 뜨개옷이나 소품들을 만들고 있습니다. 서로의 부족한 점을 보완하고 배워가며 그 내용을 블로그에 기록하기 시작했는데, 이런 과정이 쌓이면서 도안을 만들어달라는 요청이 들어왔고 온라인 스토어까지 개설하게 되었죠. SNS 이웃님들의 응원까지 더해지면서 여기까지 성장해 올 수 있었던 것 같습니다.

요즘 파올라 레이나 인형 놀이에 관심이 커지면서, 인형 옷을 손뜨개로 직접 만드는 분들이 덩달아 많아졌어요. 예쁜손뜨개는 같은 취미를 가진 분들과 정보를 나누고 싶은 마음을 모아 책을 출간하게 되었습니다. 이 책에는 그동안 도안을 만들면서 쌓인 노하우를 모두 담았습니다. '어떻게 하면 쉽게 뜨면서 예쁜 옷을 만들 수 있을까?'를 고민하여 도안을 만들고, 초보자도 쉽게 따라 할 수 있는 친절한 설명을 넣었습니다. 전체적인 모습을 볼 수 있도록 그림 도안과 차트를 그리고, 작품을 만드는 데 필요한 기본 기법은 물론 특별한 기법까지 모두 영상으로 만들어 QR코드로 담았습니다.

이 책을 통해 예쁜손뜨개 다섯 작가가 작업한 다양한 스타일의 옷과 소품을 만날 수 있습니다. 모두 파올라 레이나를 머리부터 발끝까지 사랑스럽게 꾸며줄 아이템들입니다. 많은 시간과 고민이 녹아 들어간 만큼 독학으로 뜨개질하는 분들에게 이 책이 친절한 길잡이가 되었으면 좋겠습니다. 저희가 인형 옷을 뜨면서 행복했던 것처럼 이 책을 선택하신 분들도 즐거운 뜨개 시간이 되길 바랍니다. '예쁜손뜨개'라는 이름으로 모인 저희는 시력과 바늘 드는 힘이 다할 때까지 서로 격려하고 도와가며 뜨개의 끈을 놓지 않을 겁니다.

항상 응원해 주시는 SNS 이웃님들, 특별히 관심을 갖고 진심으로 많은 도움을 주신 공은경님, 정영경님. 촬영에 필요한 소품으로 힘이 되어주신 꼼뜨님, 릴리님과 인블 룸님. 예쁜 사진 찍어주시고 즐거운 시간을 함께한 도영찬 실장님, 러블리니터님, 더니팅의 김선영님, 출판이라는 첫발을 내딛게 해 주신 조혜란 부장님, 제일 많이 고생하신 편집자 정지현 과장님과 그 외 출판사 관계자분들께 감사와 사랑을 전합니다. 그리고 항상 서로 힘이 되어주는 예쁜손뜨개 팀과 가족분들 모두 모두 감사드립니다. 앞으로 독자분들과 계속 소통하며 이 행복을 함께 나눌 수 있도록 더 노력하겠습니다. 감사합니다.

차례

프롤로그 ★ 4

BASIC LESSON

손뜨개의 기초

준비물	대바늘 뜨개 기초 배우기	코바늘 뜨개 기초 배우기	일러두기	도안 보는 법
★ 38	★ 40	★ 57	★ 66	★ 68

LESSON 1
머리부터 발끝까지 매력 있는
드레스 업

웨이브 무늬
원피스 & 케이프
★ 76

버블 장식
투피스 & 모자
★ 82

투톤 기본
라운드 투피스
★ 92

복고풍 나팔바지
& 나팔소매
★ 98

민소매 브이넥 티
& 데님 바지
★ 110

LESSON 2
사랑스러운 디테일을 담은
데일리 아이템

알록달록
스트라이프 카디건
★ 120

하트 무늬
꽈배기 망토
★ 127

사각사각
원피스
★ 134

동물 친구
래글런 풀오버
★ 140

나이트 가운	요오크 배색 카디건	벨 모헤어 원피스	삼선 후드 카디건
★	★	★	★
148	152	158	164

LESSON 3
보기만 해도 기분 좋아지는
포인트 소품

러블리 챙 모자	투투 비니	꽈배기 버블햇	웨이브 모자
★	★	★	★
174	178	182	186

자수 장갑 & 양말	동물 캐릭터 백팩	나뭇잎 핸드백	니트 마스크
★	★	★	★
190	196	204	208

BONUS

레이나와 커플 아이템, 마스크 DIY	비하인드 컷
★	★
212	214

p.76
웨이브 무늬 원피스 & 케이프

앙고라 실의 포근함이 느껴지는
살랑살랑 웨이브 무늬 원피스입니다.
방울이 달린 케이프와 함께 사랑스럽게
코디해요.

p.82

버블 장식 투피스 & 모자

원피스에 재킷, 모자까지! 특별한 날 잘 차려입은 숙녀로 변신시켜 주는 외출복이에요. 노랑과 분홍의 배색이 멋진 3가지 피스로 레이나를 다양하게 꾸며주세요.

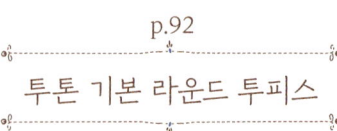

p.92

투톤 기본 라운드 투피스

편안한 핏의 투피스로 앞, 뒤를 바꿔
입힐 수 있는 두 가지 매력의 옷!
발랄함과 세련됨을 모두 표현할 수 있는
매력적인 디자인이랍니다.

p.98
복고풍 나팔바지 & 나팔소매

폭이 넓은 나팔바지와 배꼽티로 복고 스타일을 연출해 보세요. 여기에 귀여운 목도리와 가방까지 걸쳐주면 멋쟁이의 외출준비 끝!

p.110

민소매 브이넥 티 & 데님 바지

청바지에 줄무늬 티를 입은 소녀들의
모습에서 여름의 경쾌함이 느껴지네요.
민소매 티는 사계절 코디가 가능한
만능 아이템이랍니다.

p.120

알록달록 스트라이프 카디건

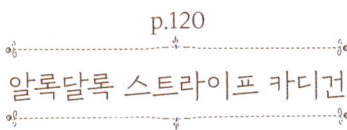

여러 가지 색깔에 패턴을 다르게 사용해
디테일을 살린 카디건이에요.
레이나와 어울리는 스타일로 길이를
다양하게 만들 수 있어요.

p.127

하트 무늬 꽈배기 망토

레이나의 사랑스러움을
업그레이드시켜줄 아이템입니다.
하트 꽈배기 무늬를 넣은
이 아기자기한 망토를 보면
무조건 만들어 입히고 싶어질 거예요.

p.134
사각사각 원피스

레이나를 시크한 분위기로 연출해주는
사각 줄무늬의 모던한 원피스입니다.
뒤집으면 긴 조끼로 변신하는
아이템이니 다양하게 활용하세요.

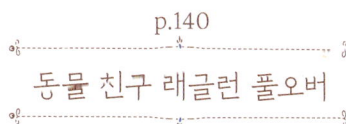

p.140

동물 친구 래글런 풀오버

기본 티셔츠에 귀여운 동물 캐릭터로
꾸며주었어요. 동물들의 특징을 살린
디테일이 멋지답니다. 티셔츠를 입은
인형들을 보면 귀여워 웃음이 날 것
같아요.

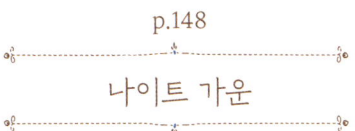

p.148

나이트 가운

초보자도 쉽게 만들 수 있는
아이템으로, 겉뜨기로 몸판과 소매까지
한 번에 떠서 완성하는 고급스러운
나이트 가운이에요.

p.152

요오크 배색 카디건

빈티지한 느낌을 풍기는 요오크
방식으로 뜬 카디건입니다.
귀여운 분홍 다이아몬드 무늬를 넣어
화사함을 표현했어요. 평범한 코디에
카디건 하나만 걸쳐도 분위기가
확 살아날 거예요.

p.158

벨 모헤어 원피스

모헤어만의 가볍고 포근한 특성을
살린 원피스입니다.
스커트 부분의 잔잔한 무늬와 소매의
볼륨이 레이나를 더욱 사랑스럽게
만들어 줍니다.

p.164

삼선 후드 카디건

캐주얼한 패션의 필수 아이템인 후드 카디건입니다. 청바지, 레깅스, 스커트 어떤 하의와 매치해도 다 잘 어울리고, 후드의 단추를 풀면 커다란 세일러 칼라로 변신하는 매력적인 옷이에요.

p.174
러블리 챙 모자

햇살 가득한 날 외출에 나선
레이나에게 필요한 챙 모자입니다.
사랑스러운 레이스 장식과 예쁜 무늬를
넣어 심심한 코디에 포인트가
되어줄 거예요.

p.178

투투 비니
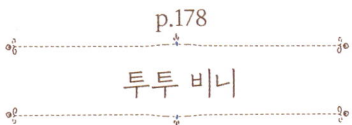

기본 디자인의 비니로 캐주얼한 의상에 함께 코디하기 좋은 겨울 필수 아이템입니다.

p.182

꽈배기 버블햇

캐주얼한 의상에 무심히 쓱 눌러쓰면
멋쟁이가 되는 모자입니다.
모자와 방울 색을 취향에 따라 다양하게
만들어 보세요.

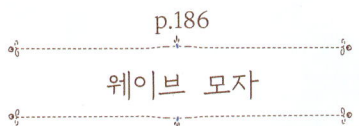

웨이브 모자

p.186

볼록볼록 입체감이 있는 웨이브 무늬를
넣어 디자인한 소녀 감성의 모자예요.
여리여리한 앙고라 실로 만들어
포근하고 사랑스러운 느낌을 낼 수
있답니다.

p.190
자수 장갑 & 양말

겨울에는 레이나에게 따뜻한 니트 장갑과 양말이 하나쯤 있으면 좋을 것 같아요. 양말은 발목과 뒤꿈치에 배색을 넣거나 단색으로 여러 개를 만들어두고 요일별로 코디해 보세요.

p.196

동물 캐릭터 백팩

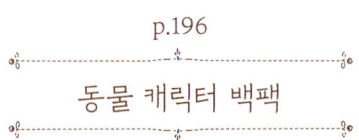

기본 티셔츠에 꾸며주었던 귀여운 동물 캐릭터를 백팩에도 넣어 세트를 완성해 볼까요. 피크닉 가는 레이나에게 이 백팩을 코디하면 너무 잘 어울릴 것 같아요.

p.204

나뭇잎 핸드백

캐주얼이나 정장 어디에도 잘 어울리는
핸드백입니다. 심플한 디자인이지만
단추와 금속 핸들로 포인트를 주어
명품백 못지않은 고급스러움을
표현했어요.

p.208

니트 마스크

코로나바이러스로부터 우리 인형 친구들도 지켜주세요. 촉감 좋은 면사를 사용했기 때문에 인형뿐만 아니라 주변에 선물용으로 만들어 주는 것도 좋을 것 같아요.

Bas

ic Lesson

손뜨개의 기초

준비물

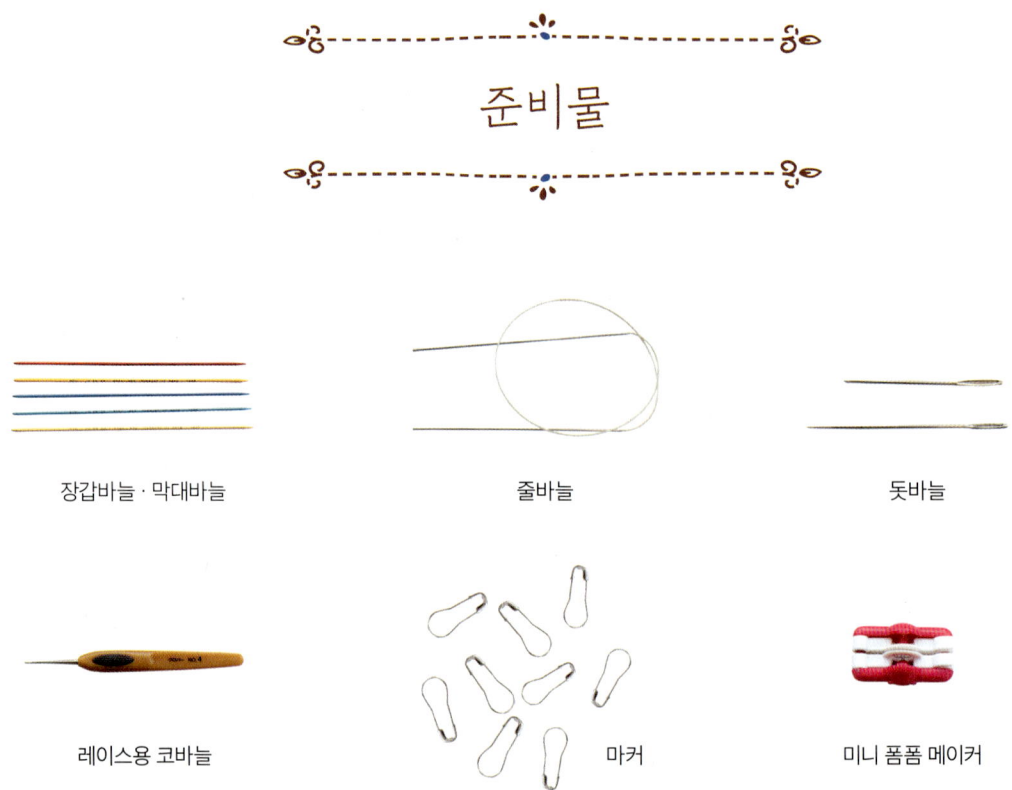

장갑바늘 · 막대바늘   줄바늘   돗바늘

레이스용 코바늘   마커   미니 폼폼 메이커

★ **장갑바늘 · 막대바늘**

인형옷을 만들 때는 1~2.5㎜ 사이의 장갑바늘을 사용하며, 레이나의 옷을 만들 때는 2㎜~ 2.5㎜를 주로 사용해요. 바늘 굵기는 보통 0.5㎜ 간격으로 있는데, 0.25㎜ 단위로 나오는 바늘도 있으니 섬세하게 게이지를 맞춰야 할 때 사용하면 좋습니다. 몸판과 소매의 원형뜨기를 할 때나 장갑과 양말을 뜰 때는 장갑바늘 4개를 사용합니다. 바늘 길이는 15~20㎝가 적당해요.

★ **줄바늘**

2개의 바늘이 줄로 연결되어 하나로 이어져 있는 바늘입니다. 줄의 길이는 40~80㎝가 적당하며, 바늘의 굵기는 장갑바늘과 같습니다. 줄바늘로도 원형뜨기가 가능하므로 편한 것으로 사용하세요.

★ **돗바늘**

뜨개 조직을 연결하거나 꼬리실을 안쪽으로 숨겨 정리할 때 사용합니다. 바늘귀가 일반 바늘보다 커서 뜨개실을 쉽게 꿸 수 있고, 가는 바늘이 뜨개 조직을 당기지 않고 매끄럽게 통과되어 사용하기 편리해요.

★ **레이스용 코바늘**

코바늘은 얇은 레이스용과 굵은 모사용이 있습니다. 레이나의 옷을 만들 때 사용하는 코바늘은 주로 얇은 실을 사용하기 때문에 레이스용 코바늘을 사용하는 것이 좋아요.

★ **마커**

원형뜨기 할 때 시작점을 표시하거나 뜨개하는 과정에서 기억해야 할 단이나 코에 걸어 사용합니다.

★ **미니 폼폼 메이커**

모자 방울 등 작은 사이즈의 폼폼을 만들 때 사용하면 균일하고 예쁜 방울을 만들 수 있어요.

준비물

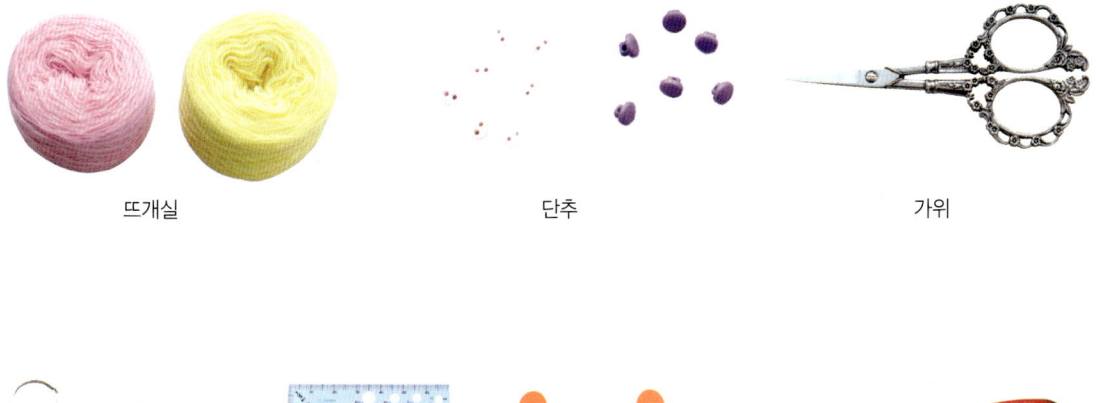

뜨개실　　　　　단추　　　　　가위

 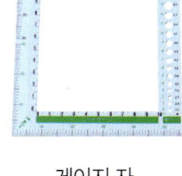 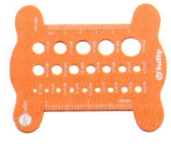  

줄자　　　게이지 자　　　바늘 굵기 체크 자　　　단수 체크기　　　스팀다리미

★ **뜨개실**

2합~3합(2ply ~ 3ply)의 램스울, 앙고라, 모헤어를 주로 사용해요. 특히 긴 털의 앙고라는 포근한 느낌을 주어 사랑받는 실입니다.

★ **단추**

뜨개 마무리 후 단춧구멍 위치에 맞춰 달아주는 단추입니다. 레이나 인형옷에는 4~7mm 사이즈가 가장 잘 어울리고 예쁩니다. 인형옷의 장식으로 사용해도 좋아요.

★ **가위**

주로 실을 자르는 데 사용하므로 사이즈가 작고 끝이 뾰족한 수예용 가위를 사용하면 뜨개 조직을 피해 실을 잘 정리할 수 있어요.

★ **줄자**

인형의 몸 사이즈나 편물의 치수를 잴 때 사용합니다.

★ **게이지 자**

게이지를 확인하거나 옷 사이즈를 잴 때 사용합니다.

★ **바늘 굵기 체크 자**

구멍에 끼워 바늘의 사이즈를 확인할 수 있습니다. 간혹 바늘에 사이즈가 없거나 지워졌을 때 유용하고, 제품에 따라 게이지도 함께 확인할 수 있어요.

★ **단수 체크기**

메리야스뜨기가 길어질 때나 같은 기법이 반복될 때 버튼을 눌러 카운트하면 중간에 잊어버리지 않고 뜰 수 있어요.

★ **스팀다리미**

게이지 내는 편물을 뜨고 난 후, 또는 옷을 뜨는 중간이나 완성하여 마무리할 때 스팀다림을 하면 고르게 정리됩니다.

대바늘 뜨개 기초 배우기

★ 기본코 만들기 ★

대바늘 뜨기의 시작이 되는 기본 기법입니다.

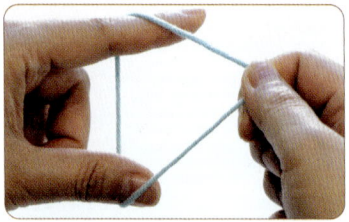

1 짧은 실이 엄지 쪽으로 오도록 오른손으로 잡아 고리를 만들고, 왼손 엄지와 검지를 고리 위에 올려놓습니다. 이때 짧은 실은 편물 폭의 3배 정도 남깁니다.

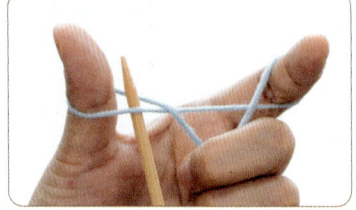

2 오른손에 잡았던 실을 왼손으로 옮기고, 바늘을 엄지에 걸린 실 아래쪽으로 넣어 줍니다.

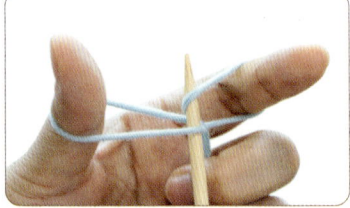

3 검지에 걸린 실을 바늘로 끌어옵니다.

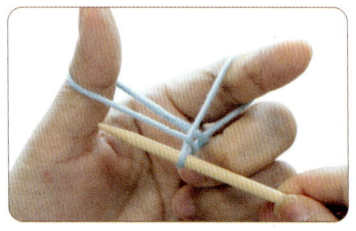

4 바늘에 걸린 실을 엄지에 걸린 실 사이로 빼냅니다.

5 왼손 엄지와 검지에 걸린 실을 빼고 매듭 밑 실 사이로 엄지와 검지를 다시 넣은 뒤 매듭이 바늘 밑으로 가도록 실을 당겨줍니다.

6 기본코 한 코를 만든 모습입니다.

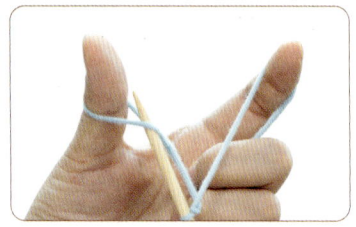

7 한 코 걸린 바늘을 엄지와 검지 사이로 내려서 엄지에 걸린 실 아래쪽으로 넣어 줍니다.

8 3~5번을 7번과 같은 방법으로 뜨면 2코가 만들어집니다. 같은 방법으로 반복해서 원하는 만큼 코를 만듭니다.

대바늘 뜨개 기초 배우기

★ 겉뜨기 — 겉 | ★

대바늘 뜨기의 가장 기초가 되는 기법입니다.

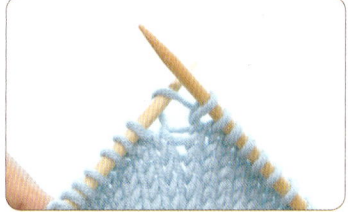

1 실을 뒤에 두고 오른쪽 바늘을 앞에서 뒤로 넣어줍니다.

2 실을 오른쪽 바늘의 뒤에서 앞쪽으로 감아줍니다.

3 실을 코 사이 앞쪽으로 뺀 다음, 왼쪽 바늘을 뺍니다.

4 겉뜨기를 완성한 모습입니다.

★ 안뜨기 — 안 — ★

대바늘 뜨기의 가장 기초가 되는 기법입니다.

1 실을 앞에 두고 오른쪽 바늘을 앞으로 넣어줍니다.

2 실을 오른쪽 바늘의 뒤에서 앞쪽으로 감아줍니다.

3 실을 코 사이 뒤쪽으로 뺀 다음, 왼쪽 바늘을 뺍니다.

4 안뜨기를 완성한 모습입니다.

★ 감아코 — 감 ω ★

코를 한 번에 많이 늘리거나, 단춧단 코를 만들 때,
소매 분리 후 겨드랑이 부분의 코를 늘릴 때 사용하는 기법입니다.

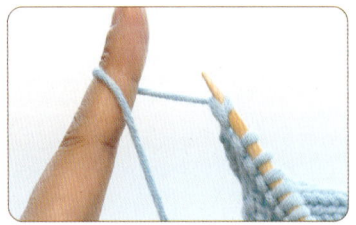

1 왼손 검지에 실을 감아줍니다.

2 실 아래쪽으로 바늘을 넣습니다.

3 검지에서 실을 빼고 실을 잡아 당겨주면 감아코 1코가 완성됩니다.

4 계속 반복해서 원하는 코 수만큼 만들어 줍니다.

★ 바늘 비우기 — 바비 ○ ★

구멍무늬를 내는 기법입니다.
단춧구멍, 코 늘리기, 레이스 무늬뜨기 등에 사용합니다.

1 실을 앞에 둡니다.

2 다음 코를 겉뜨기로 뜹니다.

3 바늘 비우기와 겉뜨기 한 코가 완성된 모습입니다.

4 다음 단에서 안뜨기를 뜨고, 바늘 비우기를 했던 코에 안뜨기 방향으로 바늘을 넣습니다.

5 안뜨기를 뜹니다.

6 겉면에서 본 바늘 비우기 모습입니다.

★ 겉뜨기로 꼬아뜨기 — 겉꼬 ★

겉뜨기의 응용 기법으로 겉뜨기보다 조직을 조금 더 탄탄하게 만들 때 사용하는 기법입니다.
고무뜨기나 무늬뜨기에 많이 사용합니다.

1 실을 뒤에 두고 오른쪽 바늘을 뒤로 넣어 겉뜨기로 뜹니다.

2 오른쪽 바늘에 실을 감아서 겉뜨기로 떠서 꼬아뜨기가 완성된 모습입니다.

★ 안뜨기로 꼬아뜨기 — 안꼬 ★

안뜨기의 응용 기법으로 안뜨기보다 조직을 조금 더 탄탄하게 만들 때 사용하는 기법입니다.
고무뜨기나 무늬뜨기에 많이 사용합니다.

1 실을 앞에 두고 오른쪽 바늘을 뒤에서 앞으로 넣어 안뜨기로 뜹니다.

2 안뜨기를 한 후 왼쪽 바늘을 뺍니다.

3 '겉뜨기로 꼬아뜨기'와 '안뜨기로 꼬아뜨기'는 겉 메리야스 조직에서 확인하면 꼬아진 모습이 같습니다.

> (모아뜨기) 코를 줄이는 기법으로 개인의 편의나 무늬에 맞게 사용합니다.
> 콧수를 줄이거나 무늬뜨기에 사용합니다.

★ 왼코 모아뜨기 — 왼모 ⼈ ★

2코를 1코로 줄일 때 사용하는 기법으로, 왼코가 앞으로 오는 모양이 됩니다.

1 왼쪽 바늘의 2코에 겉뜨기 방향으로 오른쪽 바늘을 한꺼번에 넣어줍니다.

2 오른쪽 바늘에 실을 감아서 2코를 한꺼번에 겉뜨기로 뜹니다.

3 왼코 모아뜨기를 완성한 모습입니다.

★ 오른코 모아뜨기 — 오모 ⼊ ★

2코를 1코로 줄일 때 사용하는 기법으로, 오른코가 앞으로 오는 모양이 됩니다.

1 왼쪽 바늘의 첫 코에 겉뜨기 방향으로 바늘을 넣은 다음, 뜨지 않고 오른쪽 바늘로 옮깁니다.

2 겉뜨기 방향으로 다음 코도 오른쪽 바늘로 옮깁니다.

3 왼쪽 바늘을 오른쪽 바늘로 옮긴 2코의 바늘 앞으로 오도록 넣어줍니다.

4 오른쪽 바늘에 실을 감아서 2코를 한꺼번에 겉뜨기로 뜹니다.

5 오른코 모아뜨기를 완성한 모습입니다.

대바늘 뜨개 기초 배우기

★ 안뜨기로 왼코 모아뜨기 — 안왼모 ★

안뜨기에서 2코를 1코로 줄일 때 사용하는 기법으로, 왼코가 앞으로 오는 모양이 됩니다.

1 왼쪽 바늘의 2코에 안뜨기 방향으로 오른쪽 바늘을 넣어줍니다.

2 오른쪽 바늘에 실을 감아 2코를 한꺼번에 안뜨기로 뜹니다.

3 안뜨기로 왼코 모아뜨기 완성한 모습입니다.

★ 안뜨기로 오른코 모아뜨기 — 안오모 ★

안뜨기에서 2코를 1코로 줄일 때 사용하는 기법으로, 오른코가 앞으로 오는 모양이 됩니다.

1 왼쪽 바늘의 첫 코에 겉뜨기 방향으로 바늘을 넣은 다음, 뜨지 않고 오른쪽 바늘로 옮깁니다.

2 겉뜨기 방향으로 다음 코도 오른쪽 바늘로 옮깁니다.

3 오른쪽으로 옮긴 2코에 왼쪽 바늘을 화살표 방향대로 넣어줍니다.

4 왼쪽 바늘을 넣어 옮긴 모습입니다.

5 옮긴 2코를 한 번에 안뜨기로 뜹니다.

6 안뜨기로 오른코 모아뜨기를 완성한 모습입니다.

★ 중심3코 모아뜨기 — 중3모 ★

3코를 1코로 줄일 때 사용하는 기법으로, 3코 중 2번째 코가 앞으로 오는 모양이 됩니다.

1 왼쪽 바늘의 2코에 오른쪽 바늘을 넣어 줍니다.

2 뜨지 않고 오른쪽 바늘로 옮깁니다.

3 왼쪽 바늘의 다음 코를 겉뜨기로 뜹니다.

4 먼저 옮겨놓은 2코에 왼쪽 바늘을 넣어 줍니다.

5 왼쪽 바늘의 2코를 당겨서 겉뜨기한 한 코를 덮어 씌웁니다.

6 중심3코 모아뜨기를 완성한 모습입니다.

★ 왼코3코 모아뜨기 — 왼3모 ★

3코를 1코로 줄일 때 사용하는 기법으로, 3코 중 3번째 코가 앞으로 오는 모양이 됩니다.

1 왼쪽 바늘의 3코에 오른쪽 바늘을 한꺼 번에 넣어줍니다.

2 오른쪽 바늘에 실을 감아 3코를 한꺼번에 겉뜨기로 뜹니다.

3 왼코3코 모아뜨기를 완성한 모습입니다.

★ 오른코3코 모아뜨기 — 오3모  ★

3코를 1코로 줄일 때 사용하는 기법으로, 3코 중 1번째 코가 앞으로 오는 모양이 됩니다.

1 왼쪽 바늘의 한 코에 겉뜨기 방향으로 오른쪽 바늘을 넣어줍니다.

2 뜨지 않고 오른쪽 바늘로 옮깁니다.

3 왼쪽 바늘의 2코를 한꺼번에 겉뜨기로 뜹니다.

4 오른쪽 바늘로 옮겨둔 한 코에 왼쪽 바늘을 넣어 살짝 당겨줍니다.

5 겉뜨기한 코를 코 사이로 빼냅니다.

6 오른코3코 모아뜨기를 완성한 모습입니다.

★ 안뜨기로 왼코3코 모아뜨기 — 안왼3모 ★

안뜨기에서 3코를 1코로 줄일 때 사용하는 기법으로, 3코 중 3번째 코가 앞으로 오는 모양이 됩니다.

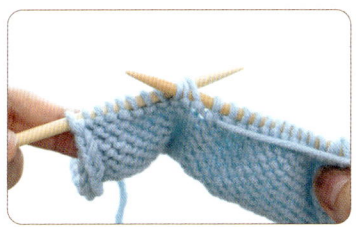

1 왼쪽 바늘의 3코에 오른쪽 바늘을 안뜨기 방향으로 한꺼번에 넣어줍니다.

2 오른쪽 바늘에 실을 걸어 3코를 한꺼번에 안뜨기로 뜹니다.

3 안뜨기로 왼코3코 모아뜨기를 완성한 모습입니다.

> (늘리기) 코를 늘리는 기법으로 개인의 편의나 무늬에 맞게 사용합니다.
> 콧수를 늘리거나 무늬뜨기에 사용합니다.

★ 왼코 늘리기 — 왼늘 Y ★

1코씩 늘릴 때 가장 많이 사용하는 기본 기법. 코가 왼쪽 방향으로 늘어나는 모양이 됩니다.

1 오른쪽 코의 2단 아래 코 중에 왼쪽 실 아래로 왼쪽 바늘을 넣어줍니다.

2 왼쪽 바늘로 코를 끌어올려 오른쪽 바늘을 넣고 겉뜨기를 뜹니다.

3 왼코 늘리기를 완성한 모습입니다.

★ 오른코 늘리기 — 오늘 X ★

1코씩 늘릴 때 가장 많이 사용하는 기본 기법. 코가 오른쪽 방향으로 늘어나는 모양이 됩니다.

1 왼쪽 바늘 첫 코 바로 아랫단 코의 오른쪽 실 아래에 오른쪽 바늘을 넣어줍니다.

2 오른쪽 바늘로 끌어올린 코를 왼쪽 바늘로 옮깁니다.

3 왼쪽으로 옮긴 코에 오른쪽 바늘을 넣어줍니다.

4 끌어올린 코를 겉뜨기로 뜬 모습입니다.

대바늘 뜨개 기초 배우기

★ 안뜨기로 왼코 늘리기 — 안왼늘 ★

안뜨기면에서 왼쪽 방향으로 코를 늘려야 할 때 사용합니다.

1 오른쪽 코 2단 아래 코의 가로로 볼록 나온 실 밑으로 왼쪽 바늘을 넣어줍니다.

2 왼쪽 바늘로 코를 끌어올려 오른쪽 바늘을 사진처럼 안뜨기 방향으로 넣고 안뜨기를 뜹니다.

3 안뜨기로 왼코 늘리기를 완성한 모습입니다.

★ 안뜨기로 오른코 늘리기 — 안오늘 ★

안뜨기면에서 오른쪽 방향으로 코를 늘려야 할 때 사용합니다.

1 왼쪽 바늘 첫 코 바로 아랫단 코의 가로로 볼록 나온 실 밑으로 오른쪽 바늘을 넣어줍니다.

2 오른쪽 바늘로 끌어올린 코를 왼쪽 바늘로 옮기면서 오른쪽 바늘을 왼쪽 바늘 앞에 둡니다.

3 안뜨기를 뜹니다.

4 안뜨기로 오른코 늘리기를 완성한 모습입니다.

나의 소중한 파올라 레이나를 위하여

★ 한 코 만들기 — m1 ★

코와 코 사이에서 코의 모양이 기울지 않게 코를 늘리는 기법입니다.

1 오른쪽 바늘로 뒤에서 앞으로 코와 코 사이의 바를 끌어 올립니다.

2 바에서 끌어 올린 코 밑으로 왼쪽 바늘을 넣어 왼쪽 바늘로 옮깁니다.

3 오른쪽 바늘을 겉뜨기 방향으로 넣어 겉뜨기를 뜹니다.

4 m1으로 한 코 만들기를 완성한 모습입니다.

★ 1코로 2코 만들기 — kfb(knit front and back) ★

1코를 2코로 만들 때 사용합니다.

1 겉뜨기 한 코를 뜹니다.

2 겉뜨기 뜬 뒤 왼쪽 바늘의 코를 빼지 않습니다.

3 빼지 않은 상태에서 오른쪽 바늘을 코의 뒤로 넣어줍니다.

4 겉뜨기를 뜹니다.

5 겉뜨기를 뜨고 왼쪽 바늘을 뺍니다.

6 kfb로 1코를 2코로 만들기 완성한 모습입니다.

교차뜨기

아란 무늬에 가장 많이 사용하며, 교차 뜨는 방향에 따라 다양한 무늬를 만들 수 있는 기법입니다. 케이블 무늬라고도 합니다.

★ 2:2 왼코위 교차뜨기  ★

왼쪽에서 오른쪽 방향으로 꼬아뜰 때 사용합니다.

1 왼쪽 바늘에 걸려있는 겉뜨기 4코 중 오른쪽 2코를 꽈배기바늘에 옮긴 다음, 뒤로 빼놓습니다.

2 왼쪽 바늘의 첫 번째 코에 오른쪽 바늘을 넣어 겉뜨기를 뜹니다.

3 다음 코도 겉뜨기를 한 모습입니다.

4 꽈배기바늘에 걸린 2코를 순서대로 겉뜨기로 뜹니다.

5 2:2 왼코위 교차뜨기를 완성한 모습입니다.

★ 2:2 오른코위 교차뜨기  ★

오른쪽에서 왼쪽 방향으로 꼬아뜰 때 사용합니다.

1 왼쪽 바늘에 걸려있는 겉뜨기 4코 중 오른쪽 2코를 꽈배기바늘에 옮긴 다음, 앞으로 빼놓습니다.

2 왼쪽 바늘의 첫 번째 코에 오른쪽 바늘을 넣어 겉뜨기를 뜹니다.

3 다음 코도 겉뜨기를 한 모습입니다.

4 꽈배기바늘에 걸린 2코도 순서대로 겉뜨기를 뜹니다.

5 2:2 오른코위 교차뜨기를 완성한 모습입니다.

★ 2:왼모 왼코위 교차뜨기 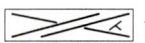 ★

2:2 교차뜨기 중 콧수 조절하기 위해 뒤에 놓이는 코(오른쪽 코)를 줄일 때 사용합니다.

1 왼쪽 바늘에 걸려있는 겉뜨기 4코 중 오른쪽 2코를 꽈배기바늘에 옮긴 다음, 뒤로 빼놓습니다.

2 왼쪽 바늘의 첫 번째 코에 오른쪽 바늘을 넣어 겉뜨기를 뜹니다.

3 다음 코도 겉뜨기를 한 모습입니다.

4 꽈배기바늘에 걸린 2코를 왼코 모아뜨기로 뜹니다.

5 2:왼모 왼코위 교차뜨기를 완성한 모습입니다.

★ 왼모:2 오른코위 교차뜨기  ★

2:2 교차뜨기 중 콧수 조절하기 위해 뒤에 놓이는 코(왼쪽 코)를 줄일 때 사용합니다.

1 왼쪽 바늘에 걸려있는 겉뜨기 4코 중 오른쪽 2코를 꽈배기바늘에 옮긴 다음, 앞으로 빼놓습니다.

2 왼쪽 바늘의 2코를 왼코 모아뜨기로 뜹니다.

3 왼코 모아뜨기한 모습입니다.

4 꽈배기바늘에 걸린 2코를 순서대로 겉뜨기로 뜹니다.

5 왼모:2 오른코위 교차뜨기를 완성한 모습입니다.

(코막음) 뜨개를 마무리 할 때 사용하는 기법입니다.

★ 겉뜨기 뜨면서 코막음 ★
마무리 기법의 기본입니다.

1 2코를 겉뜨기로 뜹니다.

2 왼쪽 바늘의 끝을 이용하여 오른쪽 바늘의 앞코를 뒤코에 덮어씌웁니다.

3 왼쪽코를 빼낸 모습입니다.

4 겉뜨기 뜨면서 코막음한 모습입니다.

5 오른쪽 바늘에 한 코가 있기 때문에 한 코만 겉뜨기로 뜬 후 **2~4**번 과정을 반복해서 원하는 콧수만큼 코막음 합니다.

★ 안뜨기 뜨면서 코막음 ★
안뜨기 면에서 마무리하는 기법입니다.

1 2코를 안뜨기로 뜹니다.

2 왼쪽 바늘의 끝을 이용하여 오른쪽 바늘의 앞코를 뒤코에 덮어씌웁니다.

3 왼쪽코를 빼낸 모습입니다.

대바늘 뜨개 기초 배우기

4 안뜨기 뜨면서 코막음한 모습입니다.

5 오른쪽 바늘에 한 코가 있기 때문에 한 코만 안뜨기로 뜬 후 2~4번 과정을 반복해서 원하는 콧수만큼 코막음 합니다.

★ 왼코 모아뜨기로 코막음 — 왼모 코막음 ★

신축성이 필요한 부분에 사용하는 코막음 기법입니다.

1 첫 코를 겉뜨기로 뜹니다.

2 겉뜨기로 오른쪽 바늘에 있는 한 코를 왼쪽 바늘로 옮깁니다.

3 왼쪽 바늘로 옮긴 코와 다음 코를 같이 겉뜨기로 뜹니다.

4 오른쪽 바늘에 있는 한 코를 왼쪽 바늘로 옮깁니다.

5 왼쪽 바늘로 옮긴 코와 다음 코를 같이 겉뜨기로 뜹니다.

6 4, 5번을 계속 반복해서 왼코 모아뜨기로 코막음 완성한 모습입니다.

★ 기본코 만든 후 원형뜨기 시작하기 ★

옆선 잇기 없이 통으로 뜰 때 사용합니다.

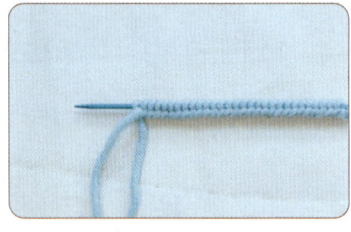

1 기본코 만들기로 원하는 코를 만듭니다.

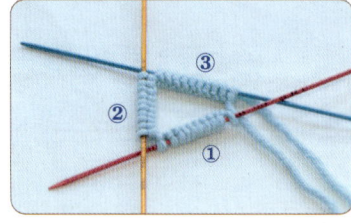

2 코를 장갑바늘 3개에 골고루 나눕니다.

3 꼬이지 않게 잘 정리한 후 사진처럼 실을 삼각형 안쪽으로 가져옵니다. 첫 번째 바늘의 첫 코에 4번째 바늘을 겉뜨기 방향으로 넣습니다.

4 4번째 바늘에 실을 감아줍니다. 이때 실을 살짝 당기면서 뜹니다.

5 걸린 코를 첫 번째 바늘에 겉뜨기로 뜹니다.

6 첫 번째 바늘로 두 번째 바늘에 걸린 코를 겉뜨기로 뜹니다. 두 번째 바늘로 세 번째 바늘에 걸린 코를 겉뜨기로 뜹니다. 여기까지가 1단입니다. 같은 방법으로 원형으로 뜹니다.

코바늘 뜨개 기초 배우기

★ 실 잡는 법과 사슬뜨기 ○ ★

코바늘 뜨기의 가장 기본 방법입니다. 평면으로 뜰 때 시작코 만들기, 끈 만들기, 고리 만들기 등에 많이 사용하는 기법입니다.

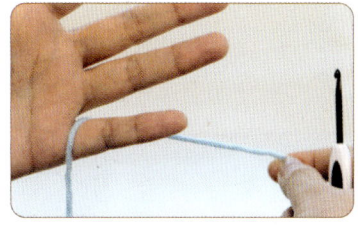

1 실 끝을 오른손 엄지와 검지로 잡고 왼손 바닥을 보고 약지와 소지 사이로 실을 빼냅니다.

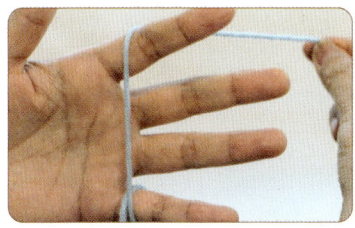

2 잡고 있는 오른손을 이용해서 실을 소지에 한 번 감고 검지 위로 끌어옵니다. 실이 잘 따라오지 않으면 실을 약지와 소지 사이로 끼웁니다.

3 왼손 검지를 세우고 엄지와 중지로 실 끝을 잡아준 뒤 오른손에 코바늘을 자연스럽게 잡고 실 아래쪽으로 바늘을 넣습니다.

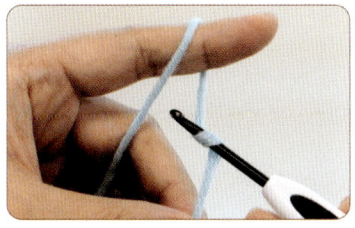

4 코바늘을 왼쪽으로 돌리면서 실을 감아 줍니다.

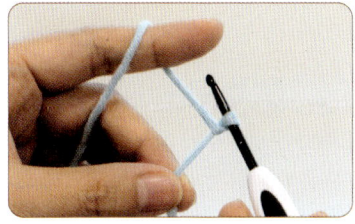

5 한 바퀴 돌려준 모습입니다.

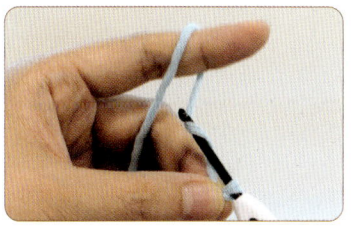

6 코바늘 아래쪽으로 실이 교차한 부분을 왼손 엄지와 검지로 잡고 코바늘에 실을 감아줍니다.

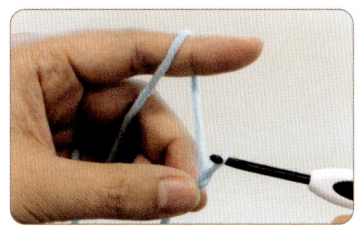

7 코바늘에 걸려 있는 코 사이로 감은 실을 통과시킵니다. 실을 당겨 매듭을 지어주고 첫 매듭은 콧수로 세지 않습니다.

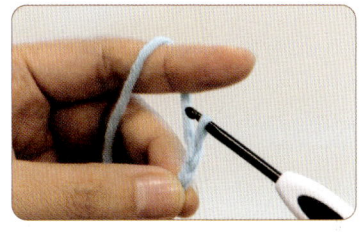

8 6, 7번을 반복하면서 원하는 콧수만큼 사슬뜨기를 합니다.

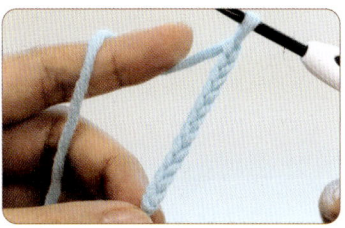

9 사슬뜨기를 완성한 모습입니다. 왼손을 바늘 가까이 잡아 주면서 뜨면 편합니다.

★ 짧은뜨기(평면뜨기) ★

코바늘 뜨기의 기본 방법 중 하나입니다.
인형, 가방, 소품 등 꼼꼼하게 뜨고 싶을 때 사용합니다.

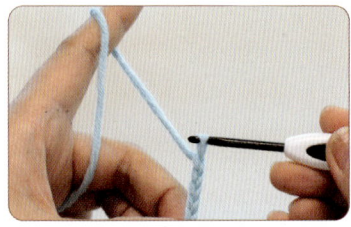

1 사슬뜨기를 원하는 콧수만큼 뜬 후 기둥코로 사슬뜨기 1코를 뜹니다. 이 기둥코는 콧수로 세지 않습니다.

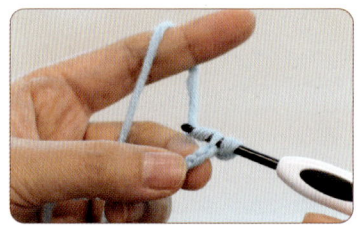

2 사슬뜨기 뒷면의 볼록 올라온 코에 코바늘을 넣고 바늘에 실을 감아줍니다

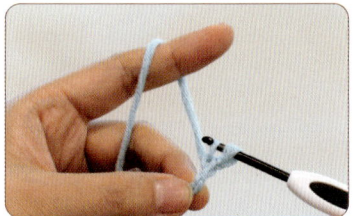

3 코 사이로 감아준 실을 빼내면 바늘에 2개의 고리가 걸려 있습니다.

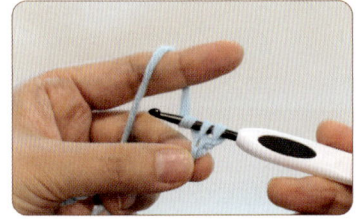

4 다시 바늘에 실을 감아줍니다.

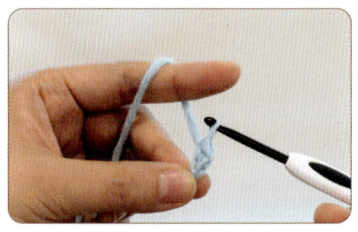

5 바늘에 걸린 2개의 고리 사이로 감아준 실을 빼냅니다.

6 2~5번 과정을 반복하면서 짧은뜨기 1단을 완성한 모습입니다.

7 편물을 뒤로 돌려줍니다.

8 기둥코로 사슬뜨기 1코를 뜹니다. 이 기둥코는 콧수로 세지 않습니다.

9 첫 번째 코에 바늘을 넣어줍니다.

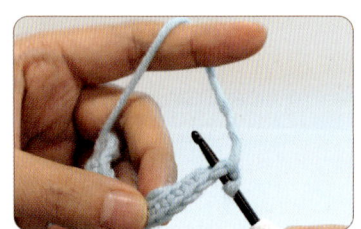

10 바늘을 넣은 모습입니다.

11 바늘에 실을 감아줍니다.

12 코 사이로 감은 실을 빼내면 바늘에 2개의 고리가 걸려 있습니다. 다시 바늘에 실을 감아줍니다.

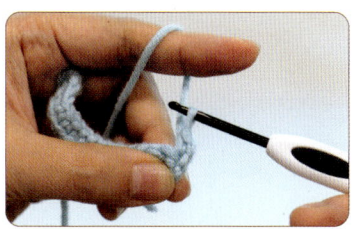

13 바늘에 걸린 2개의 고리 사이로 감아 준 실을 빼냅니다.

14 10~13번 과정을 반복하면서 짧은뜨기 2단을 완성한 모습입니다. 이렇게 편물을 돌려가면서 떠줍니다.

★ 매직링 만들어 짧은뜨기(원형뜨기)  ★

모자, 원형가방, 모티브 등을 뜰 때 사용하는 기법입니다.
인형옷을 뜰 때 사용하는 램스울과 앙고라 실은
원형시작코를 두 번 감지 않고 한 번만 감아서 시작하는 방법이 편합니다.

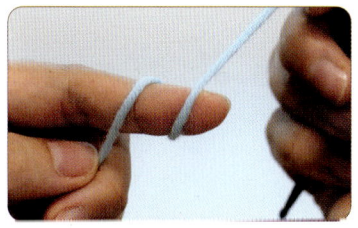

1 실 끝을 오른손에 잡고 왼손 검지에 2줄이 보이도록 감아줍니다.

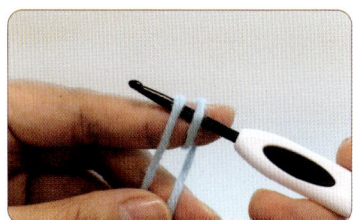

2 실 끝을 왼손으로 옮겨주고 바늘을 실 2가닥 밑으로 넣어줍니다.

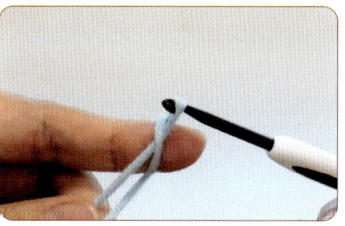

3 왼쪽에 있는 실을 오른쪽 실 밑으로 바늘을 이용해서 끌어 옵니다.

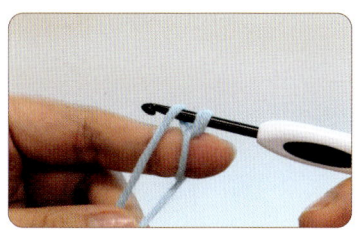

4 바늘에 실을 감아줍니다.

5 바늘에 걸린 코 사이로 감은 실을 빼냅니다. 기둥코로 사슬뜨기 1코를 뜬 상태입니다.

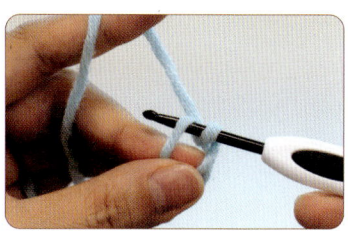

6 바늘을 원 안에 넣어줍니다.

나의 소중한 파올라 레이나를 위하여

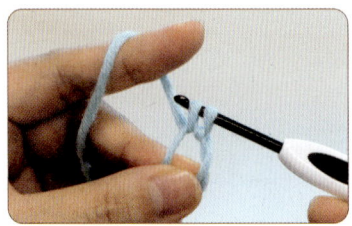
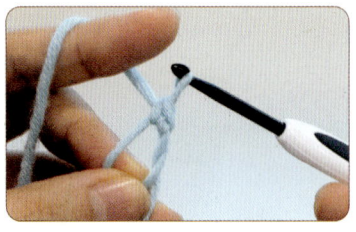

7 왼손 검지에 걸려 있는 실을 감아서 원 사이로 빼냅니다. 바늘에 2개의 고리가 걸려 있습니다.

8 바늘에 실을 감아 바늘에 걸려 있는 2개의 고리 사이로 빼냅니다. 짧은뜨기 1코를 뜬 모습입니다.

9 6~8번 과정을 반복하면서 짧은뜨기를 원하는 콧수만큼 뜹니다. 빼뜨기로 연결해서 마무리합니다.

★ 빼뜨기 ★

한 단을 마무리할 때 사용하는 방법입니다.

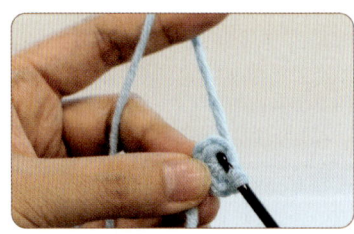
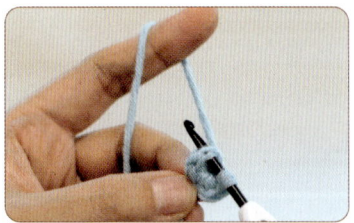

1 짧은뜨기를 원하는 콧수만큼 뜬 뒤 실꼬리를 잡아당겨서 원을 모아줍니다.

2 첫 번째 코에 바늘을 넣을 위치입니다.

3 바늘 위에 실이 두 가닥 보이게 넣어줍니다.

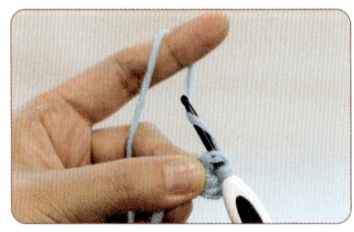
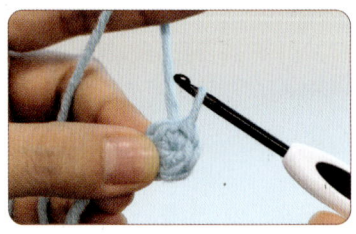

4 바늘에 실을 감아 첫 번째 코와 바늘에 걸려 있는 1개의 고리 사이로 한 번에 빼냅니다.

5 빼뜨기로 한 단을 마무리한 모습입니다.

★ 짧은뜨기 2코 늘려뜨기 ★

짧은뜨기 1코를 2코로 늘리는 방법입니다.

1 기둥코로 사슬뜨기 1코를 뜹니다.

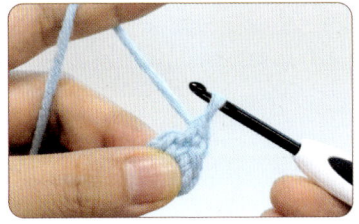

2 빼뜨기했던 첫 번째 코에 코바늘을 넣고 짧은뜨기를 합니다.

3 같은 자리에 코바늘을 넣어서 짧은뜨기를 한 번 더 합니다.

4 한 코에 2개의 짧은뜨기를 뜬 모습입니다.

5 반복해서 한 코에 2개의 짧은뜨기를 끝까지 뜹니다.

6 첫 번째 코에 바늘을 넣고 빼뜨기를 합니다.

7 짧은뜨기 2코 늘려뜨기를 완성한 모습입니다.

★ 되돌아 짧은뜨기 ★

가장자리를 단단하게 마무리하고 싶을 때 사용하는 방법입니다.
왼쪽 방향으로 짧은뜨기를 떠줍니다.

1 기둥코로 사슬뜨기한 코를 뜹니다.

2 첫 번째 코에 바늘을 넣어줍니다.

3 바늘에 실을 감아 코 사이로 감은 실을 빼냅니다.

4 코 사이로 빼내면 바늘에 2개의 고리가 걸려 있습니다.

5 바늘에 실을 감아 바늘에 걸려 있는 2개의 고리 사이로 빼냅니다.

6 바늘을 살짝 비틀어서 뒤코에 넣어줍니다.

7 바늘을 뒤코에 넣은 모습입니다.

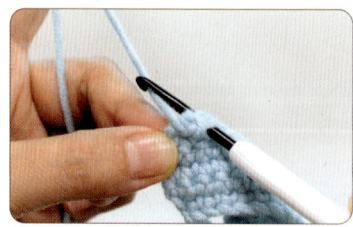

8 바늘에 실을 감아줍니다.

9 코 사이로 감은 실을 빼냅니다.

10 바늘에 걸려 있는 고리를 위쪽으로 살짝 올려서 짧은뜨기를 뜹니다.

11 6~10번 과정을 계속 반복해서 되돌아 짧은뜨기를 완성한 모습입니다.

★ 두길긴뜨기 ★

한길긴뜨기보다 더 높은 단을 만들 때 사용하는 방법입니다.

1 기둥코로 사슬뜨기 4코를 떠서 세우고 바늘에 실을 두 번 감아줍니다. 기둥코 4코는 두길긴뜨기 한 코로 계산합니다.

2 바늘을 6번째 코에 넣어줍니다. 5번째 코는 기둥코의 자리입니다.

3 바늘에 실을 한 번 감아줍니다.

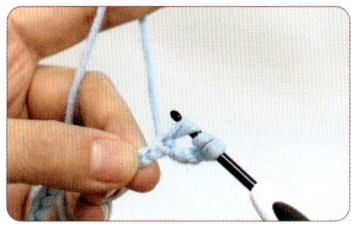

4 코 사이로 감아준 실을 빼내면 바늘에 4개의 고리가 걸려 있습니다.

5 다시 실을 한 번 감아 바늘에 걸린 4개의 고리 중 2개 사이로만 빼냅니다.

6 실을 빼내고 나면 바늘에 3개의 고리가 걸려 있습니다.

7 다시 실을 한 번 감아 바늘에 걸린 3개의 고리 중 2개 사이로만 빼냅니다.

8 다시 실을 한 번 감아 바늘에 걸린 2개의 고리를 모두 빼냅니다.

9 바늘에 실을 2번 감아 다음 코에 넣고 **3~8**번 과정을 반복해서 뜹니다.

★ 방울뜨기(한길긴뜨기 5코 방울뜨기)  ★

도톰한 무늬를 만들 때 사용하는 방법입니다.
이 책에서는 장식으로 사용했습니다.

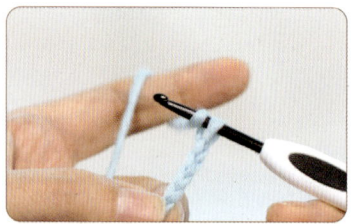

1 기둥코로 사슬뜨기 3코를 떠서 세워줍니다. 사슬뜨기 3코는 한길긴뜨기 1코로 계산합니다.

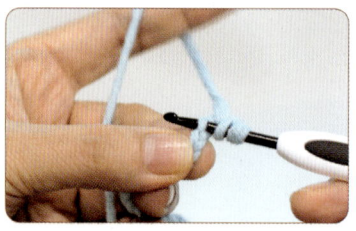

2 바늘에 실을 한 번 감아서 4번째 코에 넣어줍니다.

3 코 사이로 실을 빼내면 바늘에 3개의 고리가 있습니다.

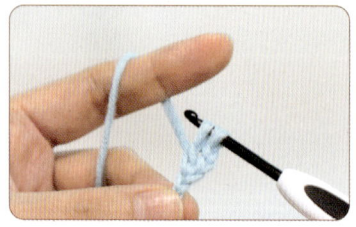

4 다시 실을 한 번 감아서 바늘에 걸린 3개의 고리 중 2개의 고리 사이로 빼냅니다.

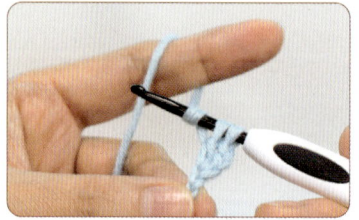

5 바늘에 2개의 고리가 걸려 있는 상태에서 실을 한 번 감아줍니다.

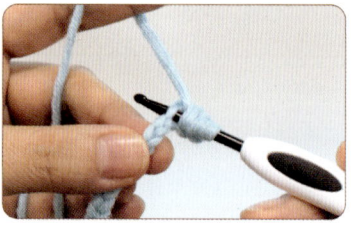

6 4번째 넣었던 같은 코에 넣어줍니다.

7 실을 바늘에 감아서 코 사이로 빼주면 바늘에 4개의 고리가 있습니다.

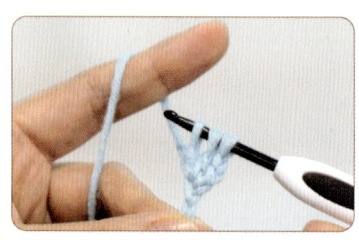

8 다시 실을 한 번 감아서 바늘에 걸린 4개의 고리 중 2개의 고리 사이로 빼냅니다.

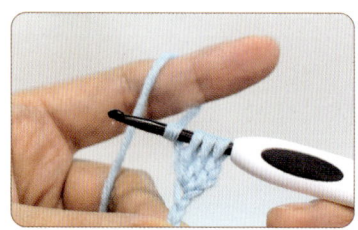

9 바늘에 3개의 고리가 걸려 있는 상태에서 실을 한 번 감아줍니다.

10 같은 코에 바늘을 넣고 실을 감아서 코 사이로 빼주면 바늘에 5개의 고리가 있습니다.

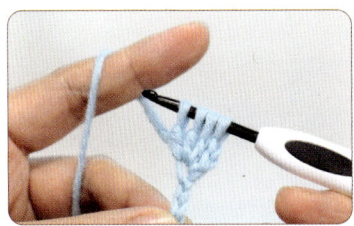
11 다시 실을 한 번 감아서 바늘에 걸린 5개의 고리 중 2개의 고리 사이로 빼내면 4개의 고리가 있습니다.

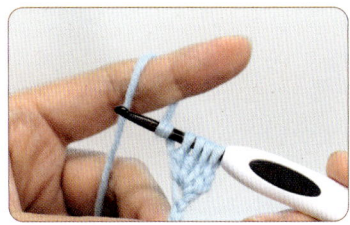
12 4개의 고리가 걸린 바늘에 실을 한 번 감아줍니다.

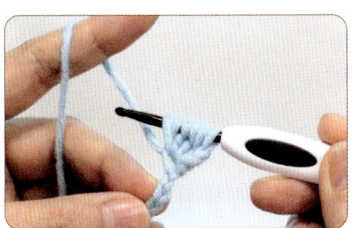
13 같은 코에 바늘을 넣고 실을 감아서 코 사이로 빼주면 바늘에 6개의 고리가 있습니다.

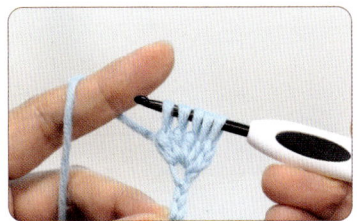
14 다시 실을 한 번 감아서 바늘에 걸린 6개의 고리 중 2개의 고리 사이로 빼내면 5개의 고리가 있습니다.

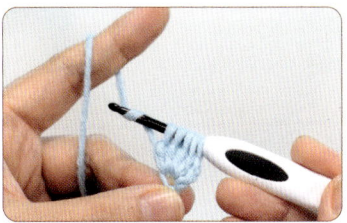
15 5개의 고리가 걸린 바늘에 실을 한 번 감아줍니다.

16 바늘에 걸린 5개의 고리 사이로 실을 감아서 빼냅니다.

17 다시 실을 바늘에 한 번 감아서 바늘에 걸린 1개의 고리 사이로 빼냅니다. 방울 뜨기를 완성한 모습입니다.

일러두기
★ 실수하지 않고 한 번에 뜨고 싶다면! ★

★ 옷 뜨기 전 게이지 내기

게이지는 뜨는 사람의 솜씨에 따라서 달라질 수 있기 때문에 인형옷을 뜨기 전에 번거롭더라도 꼭 게이지 내는 과정을 습관화하면 좋습니다. 도안에 명시된 게이지하고 같아야 레이나에 딱 맞는 옷이 완성됩니다. 게이지가 맞지 않을 때는 바늘이나 실을 바꿔서 조절해야 합니다. 바늘을 바꿀 때는 0.25~0.5㎜ 정도 차이가 나게 바꾸면 됩니다.

보통 게이지는 가로, 세로 10㎝ 이상을 떠서 10㎝ 안에 콧수와 단수를 세어보는데 인형옷은 코가 작기 때문에 가로, 세로 5㎝ 안에 콧수와 단수를 확인해도 됩니다. 게이지를 내기 위해 뜨는 편물은 7~8㎝ 정도 떠서 스팀다림을 하거나 중성세제로 세탁해서 건조한 후(블로킹 과정) 가로, 세로 5㎝ 안에 콧수와 단수를 셉니다.

게이지 낼 편물은 옷을 뜨는 무늬로 게이지를 내야 합니다. 이 책의 도안에 적힌 게이지에 메리야스뜨기가 아닐 경우는 무늬뜨기로 표시했습니다. 꼭 확인하고 게이지 낼 편물을 뜨기 바랍니다. 또한 도안의 게이지는 가로, 세로 1㎝의 콧수와 단수를 표시했습니다. 5㎝의 콧수와 단수를 5로 나누어 도안의 게이지와 비교하면 됩니다.

★ 옷 뜰 때 사용하는 실

인형옷은 사이즈가 작아서 가는 굵기의 실을 사용하며, 주로 램스울이나 앙고라 실을 사용합니다. 쉽게 구할 수 있고 색상도 다양하고 실 굵기가 15수 정도로 생산되어 2합이나 3합으로 뜨면 적당합니다. 이 외에 모헤어, 메리노울, 캐시미어 등의 모사와 면사가 있습니다.

램스울은 어린 산양의 털이 원료이며 부드럽고 가늘어서 강도가 약합니다. 주로 램스울 80% 정도에 나일론 20%가 혼합된 실을 많이 사용합니다. 앙고라는 긴 토끼털이 원료입니다. 실 색상이 예쁘고 부드러운 기모감 때문에 포근해 보여서 인형옷으로 뜨고 나면 만족도가 높은 실입니다. 단점은 털이 잘 빠져서 알레르기가 있다면 사용하기 불편합니다. 그래서 인형옷에는 앙고라가 20% 정도 함유된 실을 많이 사용합니다. 실은 '예쁜손뜨개 스토어 (smartstore.naver.com/prettyhands5)'에서 구매할 수 있습니다. 램스울과 앙고라 실을 1합, 2합, 3합으로 나누어 원하는 굵기로 구매할 수 있으며 색상도 다양하게 있습니다.

예쁜손뜨개

★ 옷 뜰 때 사용하는 바늘

대바늘은 1.5~2.5㎜ 정도의 굵기가 적당합니다. 브랜

일러두기

드 제품으로는 아디(Addi), 히야히야(HiyaHiya), 니트프로(Knitpro) 등이 있습니다. 1.5mm, 1.75mm, 2mm, 2.25mm, 2.5mm의 바늘을 실 굵기에 맞춰서 사용하면 됩니다. 1.5mm~2mm는 램스울이나 앙고라 2합, 2mm~2.5mm는 램스울이나 앙고라 3합이 적당합니다.

코바늘은 레이스 코바늘 4호, 2호, 0호와 모사용 코바늘 2호까지 사용합니다. 브랜드 제품은 클로바(Clover), 튜울립(Tulip), 니트프로(Knitpro) 등이 있습니다. 뜨는 옷이나 소품, 그리고 실 굵기에 따라 선택합니다.

★ 옷 뜰 때

게이지에 맞는 실과 바늘을 신댁했으면 도안 보는 법을 정독하고 서술형 도안을 보면서 시작합니다. 서술형 도안과 함께 참고할 그림 도안, 차트 도안, 동영상을 보면서 작업합니다.

길이 조절이 필요하면 평단에서 덜 뜨거나 더 떠서 조절하고, 중간에 레이나에게 입혀 보면서 뜨면 더 좋습니다. 입혀 보기 위해 줄바늘로 몸판을 뜨면 줄의 유연성이 있어서 측정하기가 용이합니다.

★ 옷이 완성되면

지저분한 실꼬리를 정리하고 스팀다림으로 다려서 정리하거나 중성세제에 세탁해서 건조시키면(블로킹 과정) 좋습니다. 세탁해서 건조할 때는 완전히 건조되기 전에 옷의 모양을 잡아준 뒤 건조 후 스팀다림 합니다. 스팀다림 할 때 소매 부분에 통통한 원통형 볼펜을 끼워 스팀하면 모양이 잘 잡힙니다. 혹시 세탁 후 옷이 줄어들었다면 섬유린스(헤어린스도 가능)에 담갔다가 헹군 뒤 마르기 전에 모양을 잡아 늘여주고, 건조 후에 스팀다림으로 늘리면 어느 정도 회복됩니다.

★ 옷 관리

옷을 옷걸이에 걸어 보관하거나 상자 또는 지퍼백에 보관할 때는 구겨지지 않게 잘 펴서 제습제를 함께 넣어주면 상하지 않게 보관할 수 있습니다.

★ 옷 입히는 요령

상의는 트임의 정도에 따라 위 혹은 아래부터 입혀주는데, 주로 팔을 끼워야 하므로 아래부터 입히는 경우가 많습니다. 트임이 끝까지 있는 의상은 소매부터 입히면 편합니다. 하의는 사람과 똑같이 입히면 됩니다. 레이나의 손가락이 펴져 있다면 옷에 손가락이 걸려 올이 당겨 올라갈 수 있으니 이럴 땐 손에 랩을 감싸면 걸림 없이 잘 입힐 수 있습니다. 머리부터 입히는 경우에도 마찬가지로 헤어캡을 씌워주면 머리가 헝클어지지 않아요.

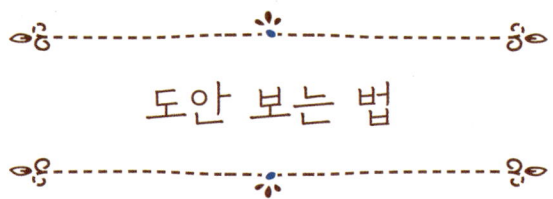

도안 보는 법

★ 서술형 도안

- 서술형 도안은 대부분 약어를 많이 사용합니다. 약어는 만드는 사람마다 다르게 표현하니 꼭 확인하고 봐야 합니다.

예시   **오모**는 '오른코 모아뜨기', **왼늘**은 '왼코 늘리기' 등 알아보기 쉽게 줄임말을 사용합니다.

- 괄호 곱하기 숫자가 있을 때는 괄호 안에 뜨기 기법을 숫자만큼 반복하면 됩니다.

예시   **(겉2, 왼늘, 겉3)×8**은 겉뜨기 2코, 왼코늘리기 1번, 겉뜨기 3코를 뜨고, 다시 겉뜨기 2코, 왼코늘리기 1번, 겉뜨기 3코 순으로 괄호 안에 뜨기 기법을 총 8번 반복합니다.

- 한 단 끝부분에 진한 파란색으로 숫자가 적힌 부분이 있습니다. 이 숫자는 그 단을 다 떴을 때 바늘에 걸려있는 총 콧수입니다. 콧수의 변동이 있을 때 표기하기 때문에 꼭 확인하고 다음 단을 떠야 합니다.

예시   **(겉2, 왼늘, 겉3)×8 48**은 겉뜨기 2코+왼코늘리기 1코+겉뜨기 3코=총 6코를 8번하면 총 콧수가 48코가 됩니다. 겉뜨기 2코를 뜬 뒤, 마지막 뜬 코의 두 번째 밑에 코를 늘려 주는 왼코늘리기는 1코로 계산합니다. 왼코늘리기가 2코로 계산된 도안도 있습니다. 헷갈릴 수 있으니 이 책의 도안은 왼코늘리기가 1코임을 숙지하기 바랍니다.

- 코막음 들어가는 단의 총 콧수는 코막음 끝나고 뜨는 콧수에 1코를 더한 콧수입니다.

예시   **6코 코막음, 겉25 26**이면 6코 코막음하고 나면 오른쪽 바늘에 1코가 걸려 있습니다. 그리고 나서 겉뜨기 25코를 하면 총 26코가 됩니다.

- 도안의 오른쪽, 왼쪽은 레이나가 옷을 입었을 때의 방향입니다.

★ 그림 도안

인형옷으로 뜨개를 시작하는 분들은 서술형 도안에 익숙해져서 그림 도안 보기를 어려워합니다. 그래서 이 책에서는 조금 더 보기 쉽도록 실물과 가깝게 그린 그림 도안을 사용하고, 그림 도안으로 표기하기 어려운 옷만 전개도 도안으로 표시했습니다. 오래전부터 뜨개를 했던 분들은 그림 도안이나 전개도 도안이 더 편할 수도 있습니다. 서술 도안과 그림 도안을 같이 보면서 뜨면 서로 보충이 되어 쉽게 작업할 수 있을 것입니다.

다음의 그림 도안은 아래에서 위로 뜨는 바텀업(bottom up) 방식입니다.

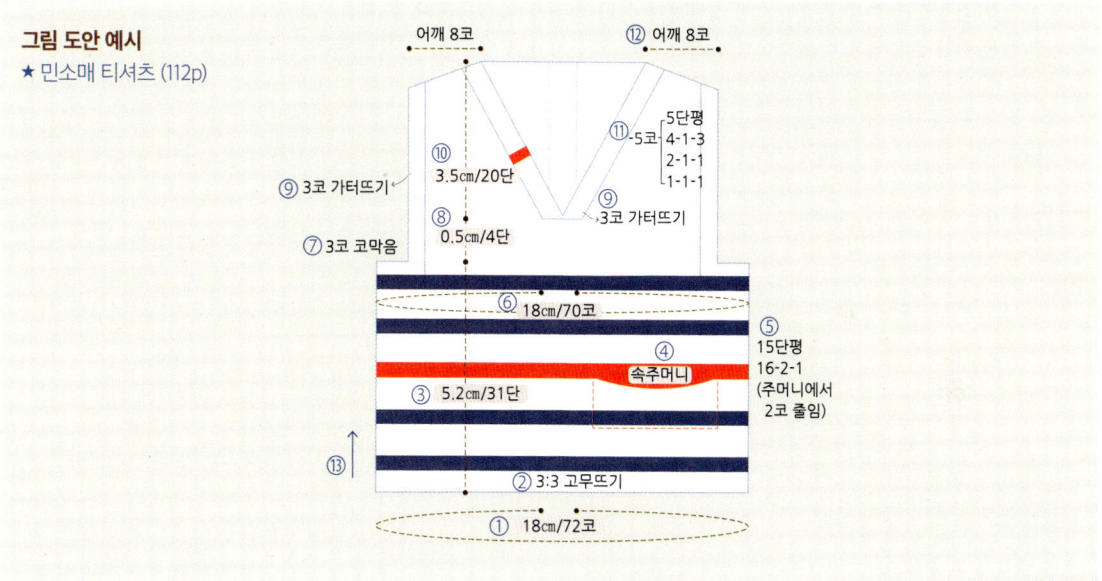

① 앞, 뒤판의 몸판 둘레(18㎝)와 콧수(72코)이고 72코로 시작합니다.
② 밑단 뜨개 방법 표시입니다.
③ 시작부터 진동 전까지의 길이(5.2㎝)와 단수(31단) 표시입니다.
④ 속주머니 위치 표시입니다.
⑤ 15단까지는 늘림이나 줄임 없이 뜨다가 16단째 주머니 부분에서 2코를 줄이고 15단을 그대로 떠준다는 표시입니다.
⑥ 진동 전 가슴둘레(18㎝)와 콧수(70코) 표시입니다.
⑦ 진동 부분 코막음 입니다. 앞판에서 3코 코막음 한다는 표시입니다. 뜰 때는 앞판에서 3코, 뒤판에서 3코 해서 6코를 쭉 이어서 코막음 합니다. 뒤판 코막음은 따로 표시되어 있습니다.
⑧ 앞판에서 진동부터 브이넥 갈라지기 전까지의 길이(0.5㎝)와 단수(4단) 표시입니다.
⑨ 진동단과 브이넥단의 무늬(가터뜨기)와 콧수(3코) 표시입니다.
⑩ 브이넥부터 어깨까지의 길이(3.5㎝)와 단수(20단) 표시입니다.
⑪ 브이넥의 5코 줄임에 대한 설명입니다. 뜨는 진행 방향이 아래에서 위로 올라가면 보는 순서도 똑같이 아래에서 위로 보면 됩니다.
1-1-1은 첫 단에 1코 1번 줄이기, 2-1-1은 첫 번째 단은 줄임 없이 그대로 뜨고 2번째 단에 1코 1번 줄이기, 4-1-3은 3단은 그대로 뜨고 4번째 단에 1코 줄이기를 3번 반복, 5단은 평단(줄임이나 늘림 없이 바늘에 걸린 콧수대로 뜨기)으로 뜬다는 표시입니다.
⑫ 다 줄이고 난 어깨 코가 8코라는 표시입니다.
⑬ 뜨개 진행 방향을 표시하는 화살표이며, 몸판 밑단에서 목 둘레로 진행합니다.

★ 전개도 도안

도안은 목둘레에서 아래로 떠내려가는 톱다운(top down) 방식으로 뜹니다. 목둘레에서 진동까지 늘려가며 뜬 후, 소매 부분의 코를 버림실에 걸어놓고 앞판과 뒤판을 한판으로 이어서 뜹니다. 소매는 버림실에 남겨놓은 코를 이용해서 원형으로 뜹니다. 도안은 평면으로 그려야 하므로 전개도식으로 그립니다.

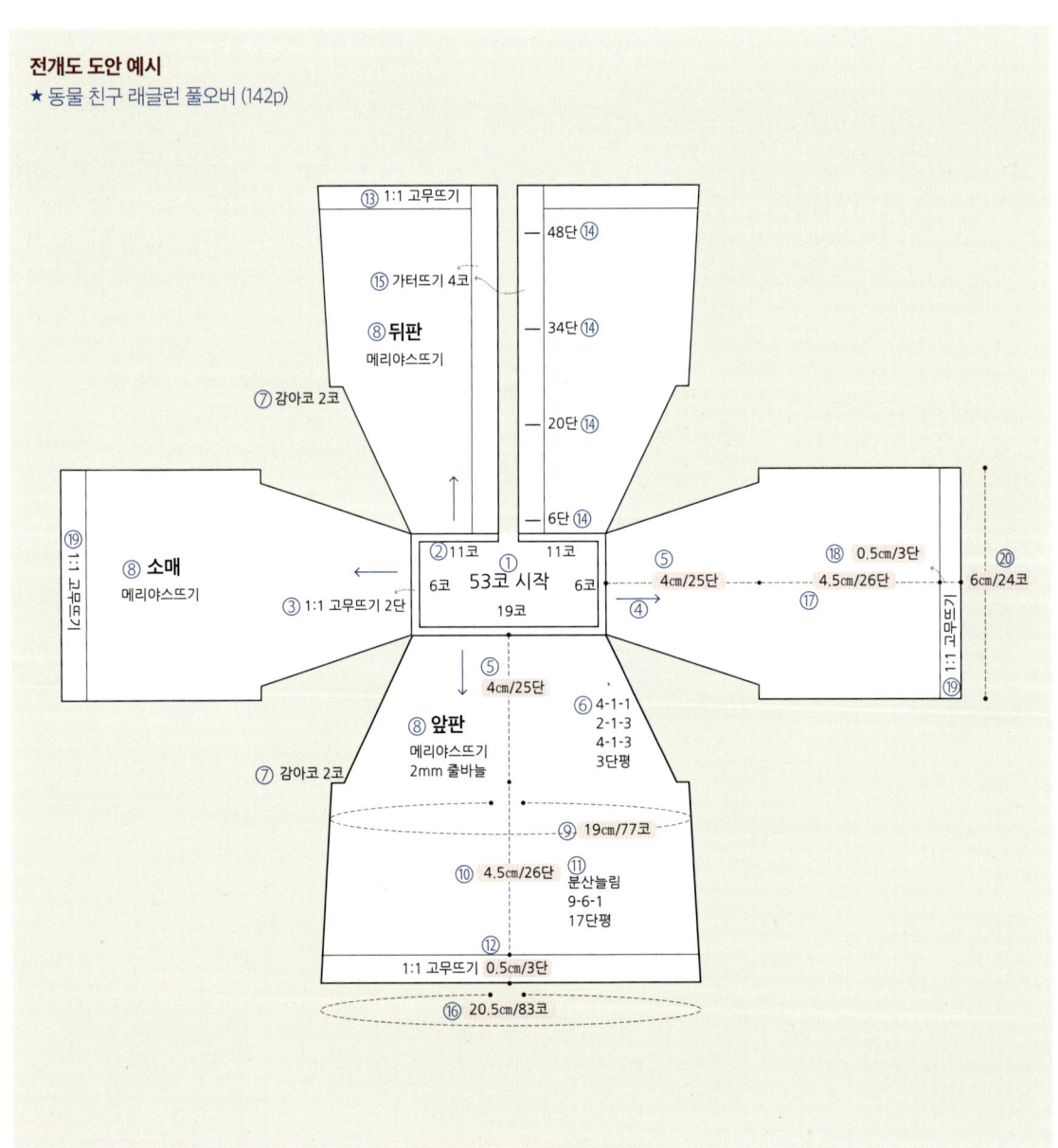

전개도 도안 예시
★ 동물 친구 래글런 풀오버 (142p)

도안 보는 법

① 목둘레 시작코 53코입니다.
② 오른쪽 뒤판 11코, 소매 6코, 앞판 19코, 소매 6코, 왼쪽 뒤판 11코의 콧수를 표시했습니다. 콧수 사이에 마커를 표시해주면 구분이 되어 편리합니다.
③ 목둘레 단으로 1:1 고무뜨기로 2단을 뜬다는 표시입니다.
④ 뜨개 진행 방향을 표시하는 화살표이며, 목둘레에서 아래로 진행하는 표시입니다.
⑤ 목둘레 단을 뜬 후부터 진동까지의 길이(4cm)와 단수(25단)입니다.
⑥ 늘리는 방법을 나타내는 기호입니다. 숫자의 순서는 단-코-횟수 표시입니다.
4-1-1은 3단을 뜨고 4단째에 1코 늘리기를 1번,
2-1-3은 1단을 뜨고 2단째에 1코 늘리기를 3번 반복,
4-1-3은 3단을 뜨고 4단째에 1코 늘리기를 3번 반복,
3단평은 3단을 늘림 없이 그대로 3단 뜹니다.
이런 식으로 마커 표시한 부분을 중심으로 양쪽 총 8군데를 늘립니다.
⑦ 진동까지 늘려서 뜬 후 소매 부분 코를 버림실에 남겨놓고 감아코 2코를 만든다는 표시입니다. 앞판 2코와 뒤판 2코, 총 4코를 한 번에 만들어 줍니다.
⑧ 각각의 뜨개 부위 명칭, 뜨는 방법, 사용 바늘의 굵기 표시입니다.

⑨ 앞판과 뒤판 그리고 감아코까지 합한 가슴둘레 너비(19cm)와 콧수(77코) 표시입니다.
⑩ 소매 분리한 지점부터 밑단 전까지의 길이(4.5cm)와 단수(26단)의 표시입니다.
⑪ 분산늘림은 앞, 뒤판 전체에서 골고루 늘린다는 뜻입니다.
9-6-1은 소매 분리부터 8단을 뜬 후 9단째에 6코를 골고루 늘리는 작업을 한 번 한다는 표시입니다.
17단평은 늘림 없이 그대로 뜬다는 표시입니다.
⑫ 몸판의 밑단 길이(0.5cm)와 단수(3단) 표시입니다.
⑬ 밑단 뜨는 방법 1:1 고무뜨기 표시입니다.
⑭ 단춧구멍 만드는 단의 표시입니다. 6, 20, 34, 48단에 단춧구멍을 만든다는 표시입니다.
⑮ 단춧단의 뜨기 방법(가터뜨기)과 콧수(4코) 표시입니다.
⑯ 몸판 앞, 뒤판을 완성하고 밑단 부분 너비(20.5cm)와 콧수(83코) 표시입니다.
⑰ 소매 길이(4.5cm)와 단수(26단) 표시입니다.
⑱ 소매 밑단 길이(0.5cm)와 단수(3단) 표시입니다.
⑲ 소맷단 뜨는 방법 1:1 고무뜨기 표시입니다.
⑳ 소맷단 둘레(6cm)와 콧수(24코) 표시입니다.

★ 차트 도안

차트 도안은 편물을 떴을 때 겉면에서 보이는 면의 무늬를 기호로 표시한 것으로, 읽는 법을 익혀두면 쉽게 뜰 수 있는 도안입니다. 대바늘 뜨기는 모눈 칸 하나를 한 코로 잡고 무늬 차트를 그립니다. 가로의 숫자는 코를 표시한 것이며 세로의 숫자는 단을 표시한 것입니다.

예시 평면뜨기

평면으로 뜰 때는 겉면에서 한 단, 뒷면에서 한 단을 뜨기 때문에 겉면에서 뜰 때(화살표 방향이 오른쪽에서 왼쪽으로)는 도안 기호대로 뜨고 뒷면에서 뜰 때(화살표 방향이 왼쪽에서 오른쪽으로)는 기호의 반대로 떠야 합니다. 도안은 지그재그로 읽게 됩니다. 도안 중에는 안면 먼저 뜨는 도안도 있습니다. 화살표 방향을 잘 보고 뜨기 바랍니다.

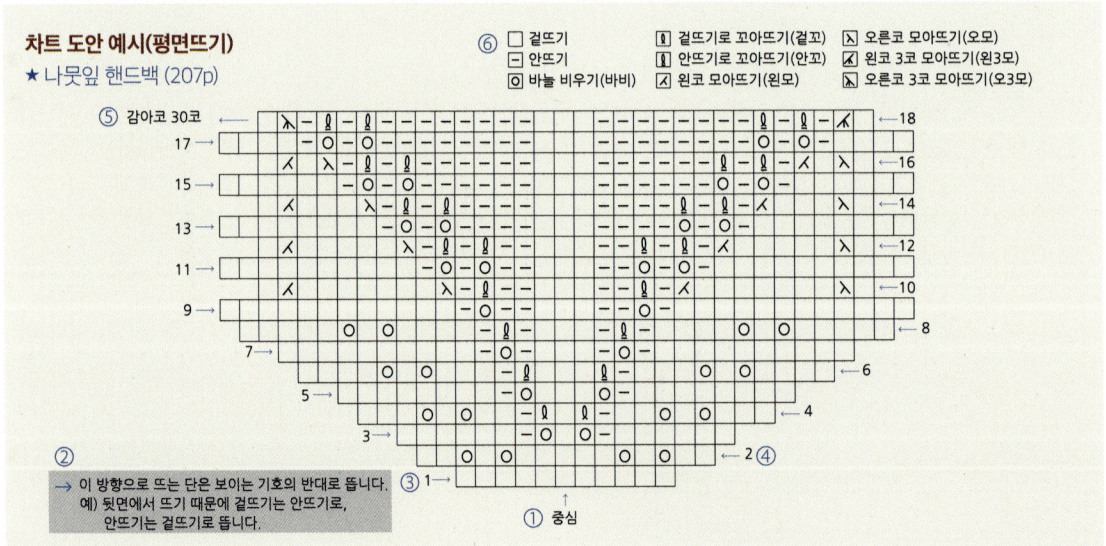

① 전체 무늬의 중심 표시입니다.
② 화살표 방향에 따라 기호 읽는 법을 설명하고 있습니다.
③ 숫자 1은 1단, 화살표는 기호 읽는 방향을 뜻합니다. 즉, 안뜨기로 11코를 떠야 합니다.
④ 숫자 2는 2단을 표시, 화살표는 기호 읽는 방향입니다. 오른쪽에서 왼쪽 방향으로 기호를 읽고 보이는 기호대로 뜨면 됩니다. 즉, 겉뜨기 2코, 바늘 비우기 1코, 겉뜨기 1코, 바늘 비우기 1코, 겉뜨기 5코, 바늘 비우기 1코, 겉뜨기 1코, 바늘 비우기 1코, 겉뜨기 2코를 뜨면 총 15코가 됩니다. 칸수를 세어보면 15칸입니다.
⑤ 화살표는 18단을 다 뜨고 계속 왼쪽으로 진행한다는 표시이며, 감아코 30코는 18단을 뜨고 이어서 감아코 30코를 만든다는 표시입니다.
⑥ 도안 각 칸마다 뜨개 기법과 기호가 표시되어 있습니다. 즉, 빈칸 사각형은 겉뜨기이고, 사각형 안에 가로선이 있으면 안뜨기라고 알려주는 것입니다.

도안 보는 법

예시 원형뜨기

원형으로 뜰 때는 오른쪽에서 왼쪽 한 방향으로 계속 겉면에서 뜨기 때문에 기호대로 뜨면 되고, 도안 보는 방향도 오른쪽에서 왼쪽으로 읽어주면서 뜨면 됩니다.

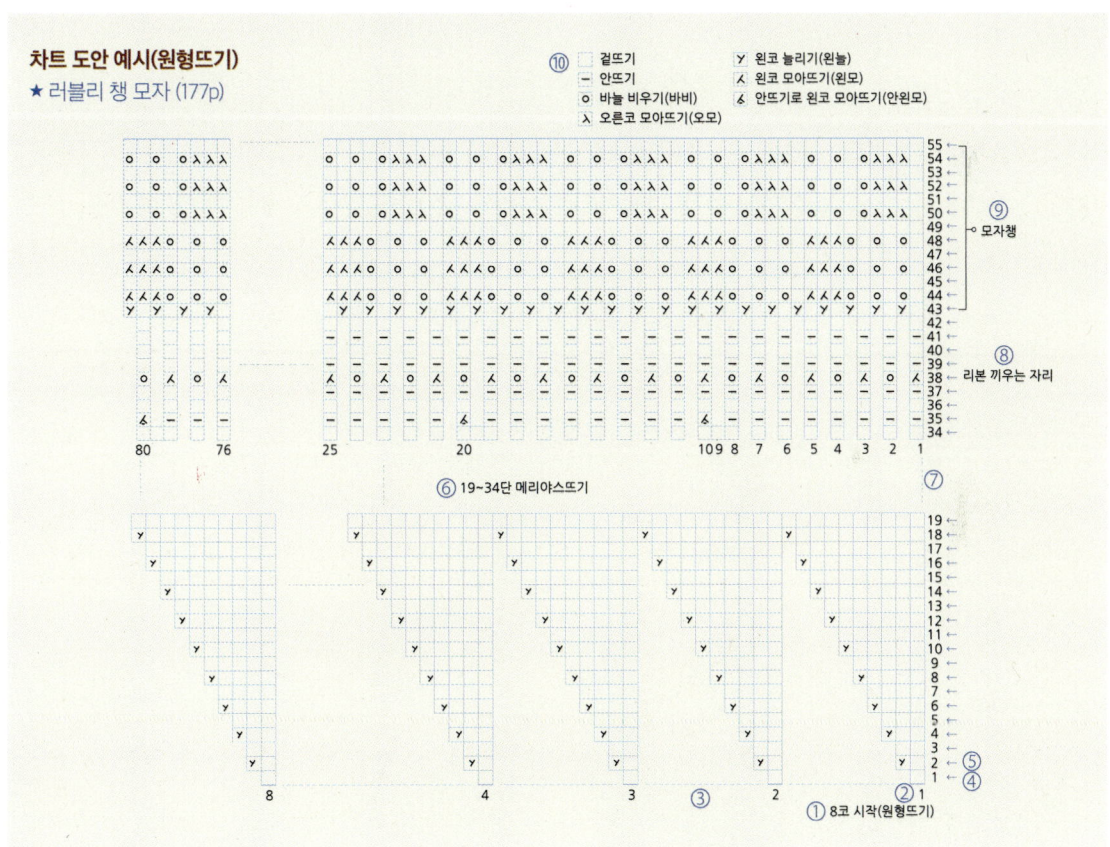

① 8코를 만들어 원형뜨기로 시작한다는 표시입니다.
② 숫자 1은 첫 번째 코, 2는 두 번째 코 등 코의 숫자 표시입니다.
③ 점선은 지면상에는 떨어져 있지만 실제는 서로 연결된 것이라는 표시입니다.
④ 숫자 1은 1단이고, 화살표는 오른쪽에서 왼쪽으로 뜬다는 표시입니다.
⑤ 숫자 2는 2단이고 평면으로 뜰 때와 다르게 계속 오른쪽에서 왼쪽으로 떠야 한다는 표시입니다.
⑥ 19~34단은 계속 겉뜨기만 뜨기 때문에 차트가 생략되고 무늬가 메리야스뜨기라는 표시입니다.
⑦ ③번의 점선과 다르게 차트는 생략되었지만 연결해서 뜬다는 표시입니다.
⑧ 38단 뜨는 곳이 리본을 끼우는 자리라는 표시입니다.
⑨ 43~55단까지가 모자의 챙이 되는 부분이라는 표시입니다.
⑩ 도안 각 칸마다 뜨개 기법과 기호가 표시되어 있습니다. 즉, 빈칸 사각형은 겉뜨기이고, 사각형 안에 가로선이 있으면 안뜨기라고 알려주는 것입니다.

L e

s s o n 1

머리부터 발끝까지 매력 있는 드레스 업

웨이브 무늬 원피스 & 케이프

난이도 ★★★☆☆

포근한 앙고라 실을 사용하여 만든 사랑스러운 원피스입니다. 상, 하 배색을 다르게 구성해서 투피스 느낌을 주었어요. 겉뜨기와 안뜨기만으로 자연스러운 플리츠 치마 주름이 완성되어 뜨는 재미도 있답니다. 아기자기한 방울이 달린 쁘띠 케이프를 함께 연출해서 귀여움을 강조했어요.

사이즈
- ★ **원피스** 총 길이 15.8cm, 가슴둘레 17.5cm
- ★ **케이프** 총 길이 3cm, 목둘레 14cm

게이지
- ★ 메리야스뜨기와 웨이브 무늬 4코×5단(1cm×1cm)

준비물
- ★ **실** 앙고라 3합 - 아이보리색 5g, 연분홍색 20g, 보라색 약간
- ★ **바늘** 2mm 줄바늘과 장갑바늘, 레이스 2호 코바늘
- ★ **부재료** 4mm 원형단추 3개, 5mm 원형단추 2개

How to Make

1. 목둘레부터 시작해서 아래로 떠서 내려가는 톱다운(top down) 방식으로 뜹니다.
2. 상의는 평면뜨기이고, 스커트 허리 부분부터 아래는 원형뜨기입니다.
3. 단춧단을 따로 뜨지 않고 몸판과 같이 떠 나갑니다.
4. 케이프는 대바늘로 먼저 떠준 뒤 코바늘로 끈과 방울을 만들어 포인트를 줍니다.

뜨개기법 및 약어

대바늘
- ★겉 겉뜨기
- ★안 안뜨기
- ★바비 바늘 비우기
- ★감 감아코
- ★왼늘 왼코 늘리기
- ★오늘 오른코 늘리기
- ★왼모 왼코 모아뜨기
- ★안왼늘 안뜨기로 왼코 늘리기
- ★안오늘 안뜨기로 오른코 늘리기

코바늘
- ★사슬뜨기
- ★한길긴뜨기
- ★방울뜨기

(원피스) 2㎜ 줄바늘과 아이보리색 실로 62코를 만들어 시작합니다.

✧ ✧ ✧

★**1단** 겉4, 안54, 겉4 62

★**2단** 겉62

★**3단** 겉4, 안54, 겉4

★**4단** 겉58, 왼모, 바비(단춧구멍), 겉2

★**5단** 겉4, 안54, 겉4

★**6단** (겉7, 왼늘)×8, 겉6 70

★**7단** 겉4, 안62, 겉4

★**8단** 겉70

★**9단** 겉4, 안62, 겉4

★**10단** 겉7, 왼늘, (겉8, 왼늘)×7, 겉7 78

- ★ 11단 겉4, 안70, 겉4
- ★ 12단 겉78
- ★ 13단 겉4, 안70, 겉4
- ★ 14단 겉7, 왼늘, (겉9, 왼늘)×7, 겉8 86
- ★ 15단 겉4, 안78, 겉4
- ★ 16단 겉86
- ★ 17단 겉4, 안78, 겉4
- ★ 18단 겉82, 왼모, 바비(단춧구멍), 겉2
- ★ 19단 겉4, 안78, 겉4

소매 분리

- ★ 20단 겉13, 버림실에 16코 걸어두기, 감8, 겉28, 버림실에 16코 걸어두기, 감8, 겉13 70
- ★ 21단 겉4, 안62, 겉4
- ★ 22단 겉70
- ★ 23단 겉4, 안62, 겉4
- ★ 24단 겉70

- ★ 25단 겉4, 안62, 겉4
- ★ 26~31단 24~25단 3번 반복

32단부터 연분홍색으로 바꿔줍니다.

- ★ 32~37단 겉뜨기(가터뜨기)
- ★ 38단 4코 코막음, 겉65 66

39단부터는 원형뜨기로 뜹니다.

- ★ 39단 (겉3, 왼늘)×22 88
- ★ 40~41단 (겉2, 안2)×22
- ★ 42~43단 겉1, (안2, 겉2)×21, 안2, 겉1
- ★ 44단 (겉2, 왼늘, 안오늘, 안2)×22 132
- ★ 45단 (겉3, 안3)×22
- ★ 46~47단 겉1, (안3, 겉3)×21, 안3, 겉1
- ★ 48~49단 (겉3, 안3)×22
- ★ 50단 겉2, (안3, 안왼늘, 오늘, 겉3)×21, 안3, 안왼늘, 오늘, 겉1 176
- ★ 51단 겉2, (안4, 겉4)×21, 안4, 겉2
- ★ 52~53단 (겉4, 안4)×22
- ★ 54~55단 겉2, (안4, 겉4)×21, 안4, 겉2
- ★ 56~79단 52~55단 6번 반복

겉뜨기로 뜨면서 코막음 합니다.

소매

20단에서 버림실에 걸어두었던 16코를 장갑바늘 2개에 옮긴 후 감아코 8코 만들었던 자리에서 8코를 주워 원형뜨기 합니다. 양쪽 소매를 같은 방법으로 뜹니다.

- ★ 1단 감아코에서 8코 줍기, 겉16 24
- ★ 2~4단 겉24×3단
- ★ 5단 안24
- ★ 6단 겉24
- ★ 7단 안24

겉뜨기로 뜨면서 코막음 합니다.

(케이프) 2㎜ 줄바늘과 보라색 실로 56코를 만들어 시작합니다.

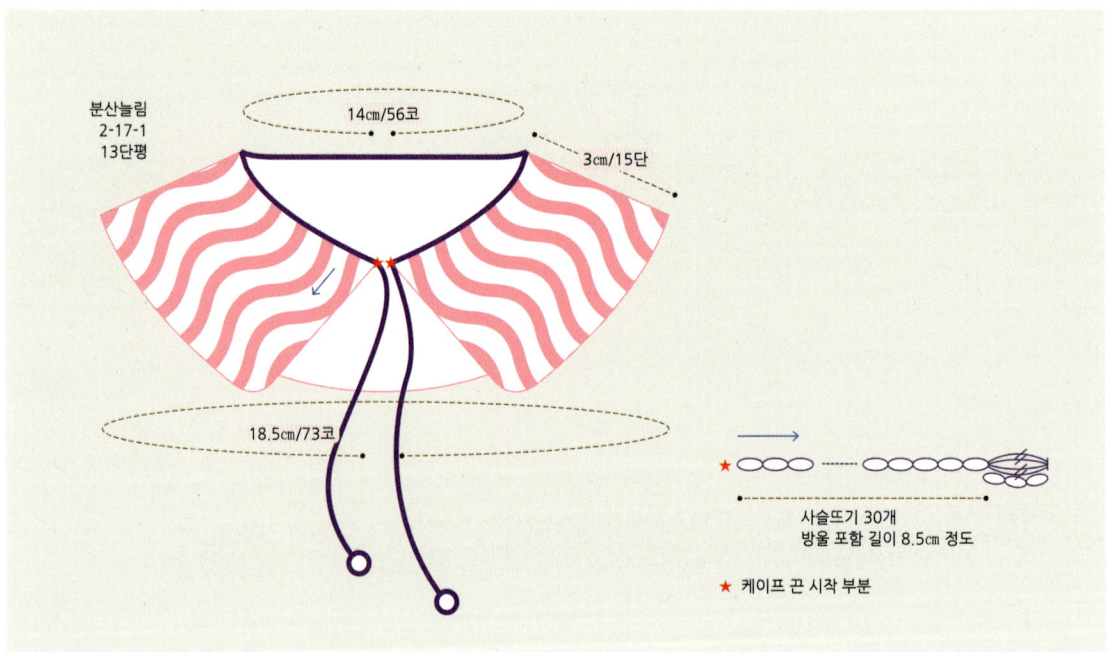

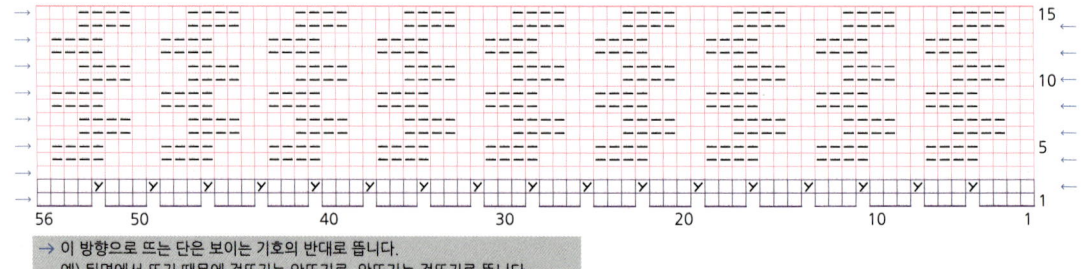

케이프

★ **1단** 안56

★ **2단** 겉4, 왼늘, (겉3, 왼늘)×16, 겉4 73

연분홍색으로 바꿔줍니다.

★ **3단** 안73

★ **4단** (겉4, 안4)×9, 겉1

★ **5단** 안1, (겉4, 안4)×9

★ **6단** 겉2, (안4, 겉4)×8, 안4, 겉3

★ **7단** 안3, (겉4, 안4)×8, 겉4, 안2

★ **8~15단** 4~7단 2번 반복

겉뜨기로 뜨면서 코막음 합니다.

(케이프 끈)

❶ 레이스 코바늘 2호를 사용하여 보라색 실로 케이프 1단 보라색 양쪽 끝부분에 각각 나눠서 사슬뜨기 합니다.
❷ 사슬뜨기 30코를 뜬 뒤 방울뜨기로 마무리합니다.
❸ 다른 쪽도 같은 방법으로 뜹니다. (그림 도안 참고)

마무리

❶ 실꼬리는 정리하고 스팀다림을 살짝 합니다.
❷ 38단의 4코 코막음한 부분은 안쪽으로 넣어서 감침질로 고정합니다.
❸ 뒷단 단춧구멍 위치에 맞춰서 5㎜ 원형단추 2개를 달아줍니다.
❹ 앞 중심에 4㎜ 원형단추 3개를 장식으로 달아줍니다.
❺ 완성된 케이프를 원피스 위에 입히고, 보라색 끈을 리본 모양으로 예쁘게 묶어 마무리합니다.

버블 장식 투피스 & 모자

난이도 ★★★☆☆

원피스와 재킷, 모자로 이루어진 세트 구성입니다. 원피스 끝단과 재킷의 소매 끝에 배색 버블 장식을 넣어 정장이지만 귀여운 느낌을 살렸습니다. 노랑과 분홍의 선명한 배색이 촌스러워 보이지 않고 발랄한 느낌이 드는 옷으로, 재킷의 프릴 장식과 방울(버블)뜨기 기법으로 만든 원피스의 반전 뒤태가 포인트가 되어줍니다. 여기에 베레모를 코디하면 고급스러운 외출복 완성!
스타일링 노하우를 하나 알려드리면, 차분한 배색의 원단으로 만든 옷에 3피스를 각각 따로 코디하면 더욱 클래식한 느낌으로 연출할 수 있어요. 다양한 색의 조합으로 만들고, 코디도 해보면서 레이나와 즐거운 시간 보내세요!

사이즈
- ★ 자켓: 뒷중심부터 총 길이 6.5㎝, 가슴둘레 16.5㎝, 소매길이 9㎝
- ★ 원피스: 총 길이 12㎝, 가슴둘레 13㎝
- ★ 모자: 큰 둘레 35㎝, 작은 둘레 20㎝

게이지
- ★ 메리야스뜨기 4코×5.5단(1cm×1cm)

준비물
- ★ 실: 노란색 램스울 2합과 흰색 앙고라 1합 합사 25g, 분홍색 램스울 2합과 흰색 앙고라 1합 합사 10g
- ★ 바늘: 2mm 줄바늘과 장갑바늘, 모사용 2호 코바늘

How to Make

★ 자켓
1. 목둘레부터 시작해서 아래로 떠내려가는 톱다운(top down) 방식으로 뜹니다.
2. 허릿단까지 떠내려간 후 분홍색 실로 배색해 마무리합니다.
3. 앞섶의 오른쪽에서 코를 잡아 코늘림해 프릴을 만들어줍니다.
4. 앞섶의 왼쪽은 분홍색 실을 사용해 코바늘로 빼뜨기를 해도 되고, 체인스티치를 해도 같은 모양이 됩니다.
5. 소매의 방울뜨기는 코바늘을 사용하여 사슬뜨기 3개, 한길긴뜨기 4개를 모아서 떠줍니다.

★ 원피스
1. 아래에서 위로 떠올라가는 바텀업(bottom up) 방식입니다.
2. 분홍색 실을 사용해 방울을 만듭니다. 노란색 겉뜨기와 방울뜨기 사이의 경계가 6코로 거리가 있어 분홍색 실의 당김이나 늘어짐이 있을 수 있습니다. 노란색 겉뜨기 하는 중간마다 분홍색 실을 한 번씩 걸어가며 떠주면 좋습니다.
3. 평면뜨기로 떠 올라가다가 앞, 뒤에서 각각 나뉘게 됩니다. 한 쪽씩 뜬 후 실을 끊고, 새 실을 걸어 시작합니다.
4. 어깨 연결은 돗바늘을 사용해 메리야스잇기로 마무리하면 시접 없이 깔끔한 마무리가 됩니다.

★ 모자
1. 분홍색 실로 고무뜨기 4단 뜬 후 노란색 실로 바꿔 설명에 따라 코를 늘렸다 줄여가며 뜨고, 마지막은 돗바늘로 마무리합니다.
2. 특별한 기법이 필요하지 않고, 겉뜨기와 안뜨기, 두코 모아뜨기만으로 완성이 되기 때문에 쉽게 따라할 수 있습니다.

뜨개기법 및 약어

대바늘
- ★ 겉 겉뜨기
- ★ 안 안뜨기
- ★ 바비 바늘 비우기
- ★ 감 감아코
- ★ 메 메리야스뜨기
- ★ 원늘 원코 늘리기
- ★ 원모 원코 모아뜨기
- ★ 오모 오른코 모아뜨기
- ★ kfb 앞뒤로 떠서 한 코를 두 코로 만들기
- ★ m1 1코 늘리기

코바늘
- ★ 방 방울뜨기

(자켓)

2㎜ 줄바늘과 분홍색 실로 42코를 만들어 시작합니다.

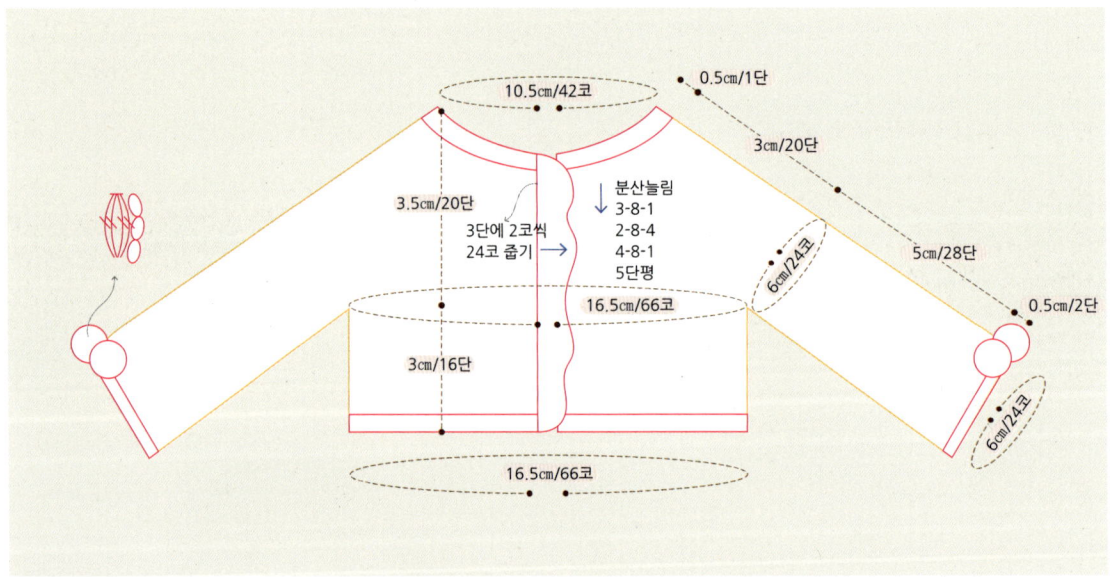

✧ ✧ ✧

- ★ **1단** (겉1, 안1)×21 **42**

2단부터는 노란색으로 바꿔줍니다.

- ★ **2단** 안42
- ★ **3단** 겉1, (겉2, 왼늘, 겉3)×8, 겉1 **50**
- ★ **4단** 안50
- ★ **5단** 겉1, (겉3, 왼늘, 겉3)×8, 겉1 **58**
- ★ **6단** 안58
- ★ **7단** 겉1, (겉3, 왼늘, 겉4)×8, 겉1 **66**
- ★ **8단** 안66
- ★ **9단** 겉1, (겉4, 왼늘, 겉4)×8, 겉1 **74**
- ★ **10단** 안74
- ★ **11단** 겉1, (겉4, 왼늘, 겉5)×8, 겉1 **82**
- ★ **12~14단** 안뜨기로 시작하는 메리야스뜨기(이하 '메'로 표기)
- ★ **15단** 겉1, (겉5, 왼늘, 겉5)×8, 겉1 **90**
- ★ **16~20단** 메×5단

버블 장식 투피스 & 모자

소매 분리

★ **21단** 겉13, 버림실에 18코 걸어두기, 감6, 겉28, 버림실에 18코 걸어두기, 감6, 겉13 66

★ **22~34단** 메×13단

35단부터는 분홍색으로 바꿔주세요.

★ **35~36단** (겉1, 안1)×33

겉뜨기는 겉뜨기, 안뜨기는 안뜨기로 뜨면서 코막음 합니다.
돗바늘로 고무단코 마무리해도 됩니다.

소매

21단에서 버림실에 걸어두었던 18코를 장갑바늘 2개에 옮긴 후 감아코 6코 만들었던 자리에서 6코를 주워 노란색으로 원형뜨기 합니다. 양쪽 소매를 같은 방법으로 뜹니다.

★ **1단** 감아코에서 6코 줍기, 겉18 24

★ **2~29단** 겉24×28단

30단부터는 분홍색으로 바꿔주세요.

★ **30단** 겉24

★ **31단** 왼 소매 : 겉8, 방2, 겉14 / 오른 소매 : 겉14, 방2, 겉8

겉뜨기로 뜨면서 코막음 합니다.

프릴 장식

자켓 오른쪽 가장 끝단에서 분홍색으로 3단마다 2코를 주워 24코를 만들어줍니다.

★ **1단** 안24

★ **2단** kfb24 48

★ **3단** 안48

★ **4단** 겉46, 왼모 47

★ **5단** 오모, 안45 46

겉뜨기로 뜨면서 코막음 합니다.

마무리

❶ 자켓 끝단의 코막음을 할 때 돗바늘 마무리로 하면 더욱 예쁘게 보입니다.
❷ 꼬리실은 정리해주고 살짝 스팀다림 합니다.
❸ 겨드랑이의 벌어진 부분은 꼬리실로 정리합니다.
❹ 프릴 부분은 자연스럽게 모양을 잡아 돗바늘로 시침질하고, 살짝 당겨 스팀다림 하면 늘어난 부분을 잡아줄 수 있습니다.

(원피스) 2㎜ 줄바늘과 노란색 실을 사용해 72코를 만들어 시작합니다.

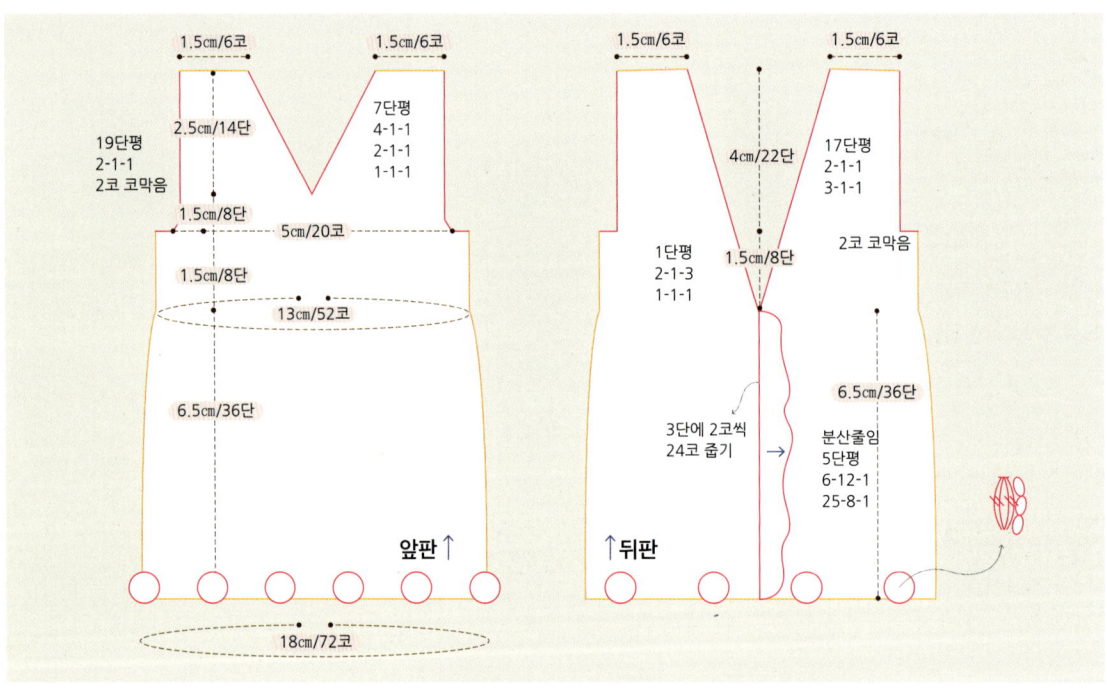

★ **1단** 겉1, (겉3, 분홍 방, 노랑 겉3)×10, 겉1 72

★ **2~24단** 메×23단

★ **25단** (겉4, 왼모, 겉3)×8 64

★ **26~30단** 메×5단

★ **31단** 겉1, 왼모3, 겉7, 왼모3, 겉24, 오모3, 겉7, 오모3, 겉1 52

★ **32~36단** 메×5단

★ **37단** 겉1, 왼모, 겉46, 오모, 겉1 (50) 마커 표시

★ **38단** 안50

★ **39단** 겉1, 왼모, 겉44, 오모, 겉1 48

★ **40단** 안48

★ **41단** 겉1, 왼모, 겉42, 오모, 겉1 46

★ **42단** 안46

★ **43단** 겉1, 왼모, 겉40, 오모, 겉1 44

★ **44단** 안44

(왼쪽 뒤판)

44코 중 8코로 작업합니다. 36코는 쉼코로 둡니다.

★ **45단** 겉8

★ **46단** 안8

★ **47단** 겉1, 오모, 겉5 7

★ **48단** 안7

★ **49단** 겉1, 오모, 겉4 6

★ **50~66단** 메×17단

6코는 쉼코로 두고 실을 여유있게 잘라줍니다.

버블 장식 투피스 & 모자

(앞판)

쉼코로 둔 36코 중 24코로 작업합니다. 12코는 쉼코로 둡니다.

- ★ **45단** 4코 코막음, 겉19 20
- ★ **46단** 안20
- ★ **47단** 겉1, 왼모, 겉14, 왼모, 겉1 18
- ★ **48~52단** 메×5단

(왼쪽 앞판)

18코 중 9코로 작업합니다.

- ★ **53단** 겉6, 왼모, 겉1 8
- ★ **54단** 안8
- ★ **55단** 겉5, 왼모, 겉1 7
- ★ **56~58단** 메×3단
- ★ **59단** 겉4, 왼모, 겉1 6
- ★ **60~66단** 메×7단

6코는 쉼코로 둡니다.

(오른쪽 앞판)

앞판의 나머지를 9코로 작업합니다.

- ★ **53단** 겉1, 오모, 겉6 8
- ★ **54단** 안8
- ★ **55단** 겉1, 오모, 겉5 7
- ★ **56~58단** 메×3단
- ★ **59단** 겉1, 오모, 겉4 6
- ★ **60~66단** 메×7단

6코는 쉼코로 둡니다.

(오른쪽 뒤판)

쉼코로 둔 12코로 작업합니다.

★ **45단** 4코 코막음, 겉7 **8**

★ **46단** 안8

★ **47단** 겉5, 왼모, 겉1 **7**

★ **48단** 안7

★ **49단** 겉4, 왼모, 겉1 **6**

★ **50~66단** 메×17단

실을 여유 있게 남기고 잘라줍니다.

(뒷 프릴 장식)

뒷 중심을 메리야스잇기 한 후 3단마다 2코를 주워 24코를 만들어줍니다. 코바늘을 사용해 코를 잡아 올리면 쉽게 끌어올 수 있습니다. 끌어올린 코를 대바늘에 걸어서 작업합니다.

★ **1단** 안24

★ **2단** kfb24 **48**

★ **3~5단** 메×3단

겉뜨기로 뜨면서 코막음 합니다.

마무리

❶ 37단에 마커 표시한 곳 전까지 뒷중심은 메리야스잇기 합니다.
❷ 어깨선은 길게 남긴 꼬리실을 돗바늘에 끼워 쉼코로둔 6코를 메리야스잇기로 마무리합니다.
❸ 진동과 목둘레에는 분홍색으로 체인스티치를 가장자리에 둘러주세요. 말림과 늘어짐을 방지합니다.
❹ 꼬리실은 정리해주고 어깨선이 말리지 않도록 시침핀으로 고정해 스팀다림 합니다.
❺ 프릴의 모양을 잘 잡아 스팀다림 한 뒤 손으로 예쁜 모양이 되도록 만져줍니다.

(모자)

2mm 줄바늘과 분홍색 실로 80코를 만들어 원형뜨기 합니다.

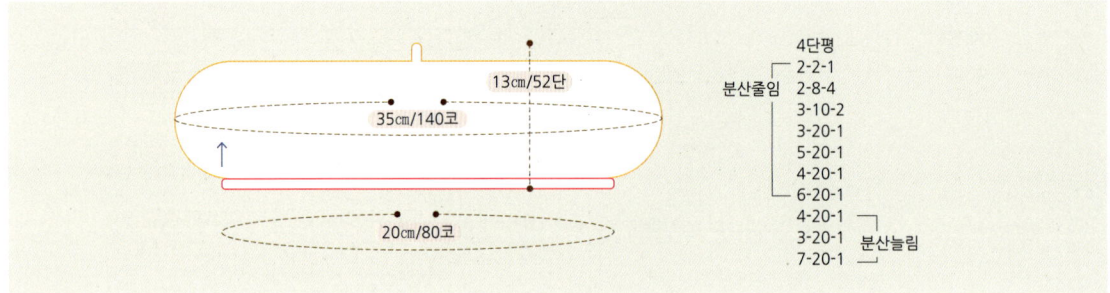

★ 1~4단 (겉1, 안1)×40

　　5단부터는 노란색으로 바꿔주세요.

★ 5~6단 겉80

★ 7단 (겉4, m1)×20 100

★ 8단 겉100

★ 9단 (겉5, m1)×20 120

★ 10단 겉120

★ 11단 (겉6, m1)×20 140

★ 12~19단 겉140×8단

★ 20단 (겉5, 왼모)×20 120

★ 21~23단 겉120

★ 24단 (겉4, 왼모)×20 100

★ 25~28단 겉100

★ 29단 (겉3, 왼모)×20 80

★ 30~31단 겉80

★ 32단 (겉2, 왼모)×20 60

★ 33~34단 겉60

★ 35단 (왼모, 겉4)×10 50

★ 36~37단 겉50

★ 38단 (왼모, 겉3)×10 40

★ 39단 겉40

★ 40단 (겉3, 왼모)×8 32

★ 41단 겉32

★ 42단 (겉2, 왼모)×8 24

★ 43단 겉24

★ 44단 (겉1, 왼모)×8 16

★ 45단 겉16

★ 46단 왼모×8 8

★ 47단 겉8

★ 48단 (겉1, 왼모, 겉1)×2 6

★ 49~52단 겉6×4단

남은 6코는 돗바늘에 실을 꿰어 6코를 통과시킨 뒤, 잡아당겨 마무리합니다.

마무리

❶ 꼬리실 정리할 때 배색의 경계가 틀어져 보일 수 있으니 주의해서 정리합니다.
❷ 실 정리 후 살짝 스팀다림 해서 원형의 납작한 모양으로 만듭니다.
❸ 돗바늘 마무리할 때 램스울 특성상 실이 끊어질 수 있으니 살짝 당겨서 정리합니다.

모자

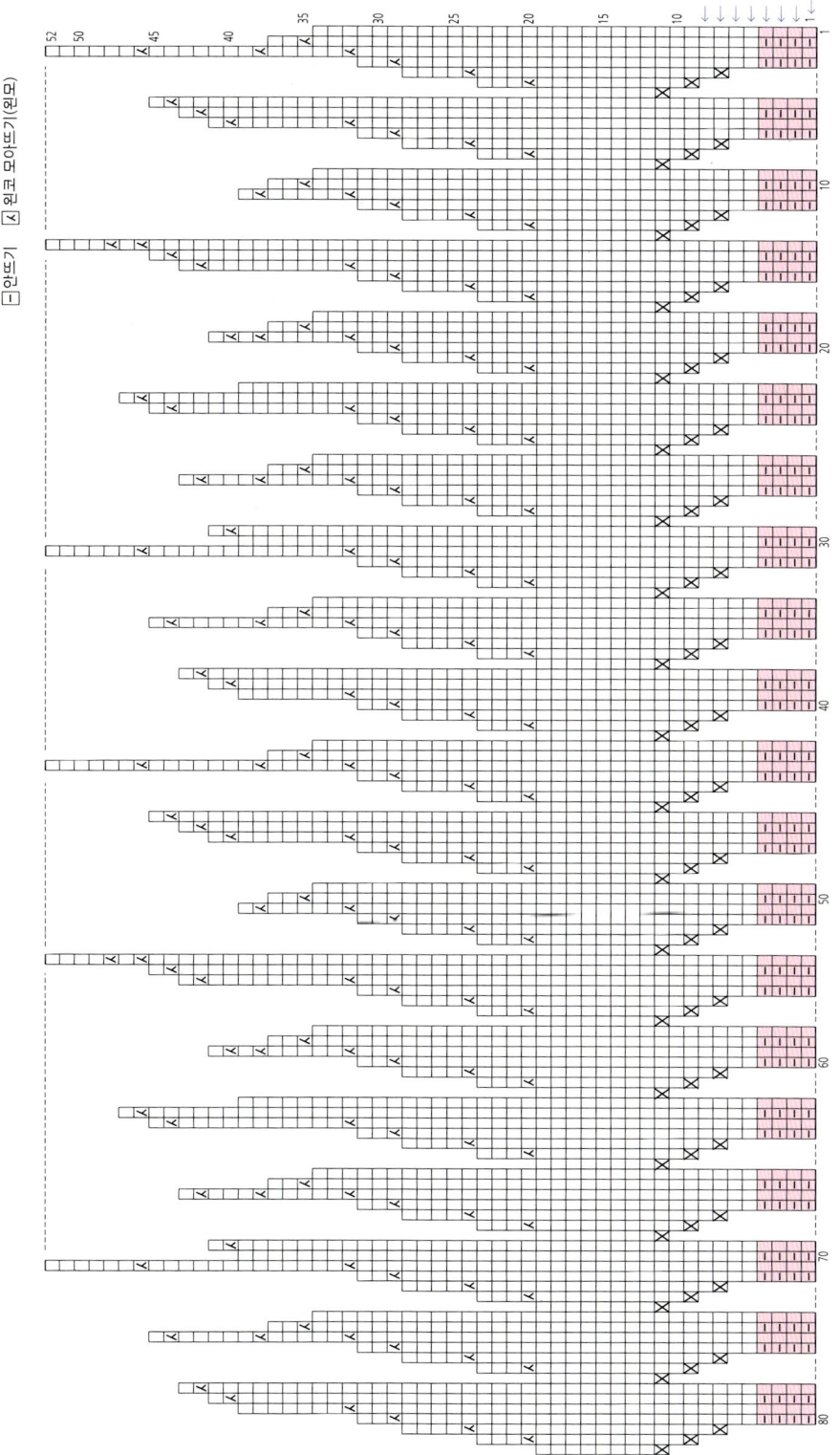

투톤 기본 라운드 투피스

난이도 ★★☆☆☆

상의는 기본 라운드 스타일에 기장을 짧게 하고, 옆트임을 넣어 발랄한 느낌을 표현했는데 앞, 뒤를 바꿔 입히면 차분한 느낌도 있는 두 가지 매력의 옷이에요. 치마는 허리를 끈으로 묶는 디자인으로 입고 벗기기가 편합니다. 발랄한 대학생 같은 모습과 단정한 요조숙녀 같은 모습, 두 가지 매력을 뽐내보세요!

사이즈
- ★ **카디건** 총 길이 6.5㎝, 가슴둘레 18㎝, 소매길이 9.5㎝
- ★ **스커트** 총 길이 8.5㎝, 허리둘레 15㎝

게이지
- ★ 메리야스뜨기 4코×6.5단(1cm×1cm)

준비물
- ★ **실** 앙고라 3합 - 중보라색 15g, 노란색 12g
- ★ **바늘** 2mm 줄바늘과 장갑바늘, 레이스 2호 코바늘
- ★ **부재료** 5㎜ 원형단추 3개

How to Make

★ 상의
1. 목둘레부터 시작해 아래로 떠서 내려가는 톱다운(top down) 방식으로 뜹니다.
2. 단춧단을 따로 코잡아 뜨지 않고 몸판과 같이 뜹니다.
3. 몸판 밑단은 3쪽으로 나눠서 뜨면 자연스럽게 양쪽에 트임이 생깁니다.

★ 스커트
1. 아래에서 위로 떠올라가는 바텀업(bottom up) 방식으로 뜹니다.
2. 허릿단에 바늘 비우기와 안뜨기로 모아뜨기하여 구멍을 만들고 끈을 통과시킵니다.
3. 스커트 밑단은 레이스 2호 코바늘로 되돌아 짧은뜨기를 하여 마무리합니다.
4. 끈은 레이스 2호 코바늘로 사슬뜨기해서 만들어 줍니다.

★ 배색으로 건너가는 실이 당겨지지 않도록 주의하며 뜹니다.

뜨개기법 및 약어

대바늘
- ★ 겉　겉뜨기
- ★ 안　안뜨기
- ★ 바비　바늘 비우기
- ★ 감　감아코
- ★ 왼늘　왼코 늘리기
- ★ 오늘　오른코 늘리기
- ★ 왼모　왼코 모아뜨기
- ★ 안왼모　안뜨기로 왼코 모아뜨기

코바늘
- ★ 되돌아 짧은뜨기
- ★ 사슬뜨기

(카디건)

2㎜ 줄바늘과 중보라색 실로 49코를 만들어 시작합니다. 양쪽 4코는 단춧단이며 가터뜨기입니다. 색상이 명시될 때 실 색상을 바꿔서 뜹니다.

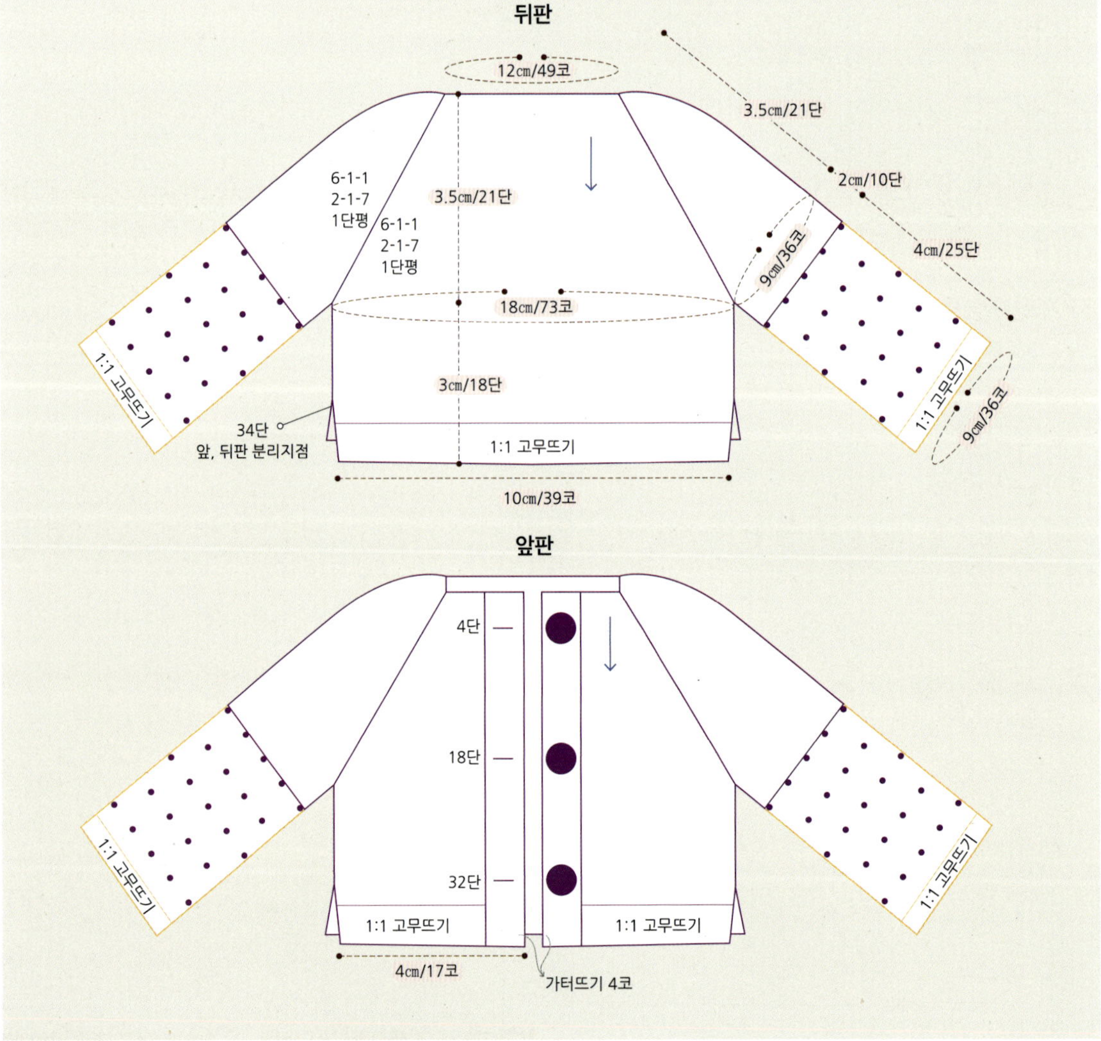

투톤 기본 라운드 투피스

- ★1단 겉4, (안1, 겉1)×20, 안1, 겉4 49
- ★2단 겉4, (겉1, 안1)×20, 겉5
- ★3단 겉4, (안1, 겉1)×20, 안1, 겉4
- ★4단 겉45, 왼모, 바비(단춧구멍), 겉2
- ★5단 겉4, 안41, 겉4
- ★6단 겉6, 왼늘, 겉1, 오늘, 겉10, 왼늘, 겉1, 오늘, 겉13, 왼늘, 겉1, 오늘, 겉10, 왼늘, 겉1, 오늘, 겉6 57
- ★7단 겉4, 안49, 겉4
- ★8단 겉7, 왼늘, 겉1, 오늘, 겉12, 왼늘, 겉1, 오늘, 겉15, 왼늘, 겉1, 오늘, 겉12, 왼늘, 겉1, 오늘, 겉7 65
- ★9단 겉4, 안57, 겉4
- ★10단 겉8, 왼늘, 겉1, 오늘, 겉14, 왼늘, 겉1, 오늘, 겉17, 왼늘, 겉1, 오늘, 겉14, 왼늘, 겉1, 오늘, 겉8 73
- ★11단 겉4, 안65, 겉4
- ★12단 겉9, 왼늘, 겉1, 오늘, 겉16, 왼늘, 겉1, 오늘, 겉19, 왼늘, 겉1, 오늘, 겉16, 왼늘, 겉1, 오늘, 겉9 81
- ★13단 겉4, 안73, 겉4
- ★14단 겉10, 왼늘, 겉1, 오늘, 겉18, 왼늘, 겉1, 오늘, 겉21, 왼늘, 겉1, 오늘, 겉18, 왼늘, 겉1, 오늘, 겉10 89
- ★15단 겉4, 안81, 겉4
- ★16단 겉11, 왼늘, 겉1, 오늘, 겉20, 왼늘, 겉1, 오늘, 겉23, 왼늘, 겉1, 오늘, 겉20, 왼늘, 겉1, 오늘, 겉11 97
- ★17단 겉4, 안89, 겉4
- ★18단 겉12, 왼늘, 겉1, 오늘, 겉22, 왼늘, 겉1, 오늘, 겉25, 왼늘, 겉1, 오늘, 겉22, 왼늘, 겉1, 오늘, 겉8, 왼모, 바비(단춧구멍), 겉2 105
- ★19단 겉4, 안97, 겉4
- ★20단 겉13, 왼늘, 겉1, 오늘, 겉24, 왼늘, 겉1, 오늘, 겉27, 왼늘, 겉1, 오늘, 겉24, 왼늘, 겉1, 오늘, 겉13 113
- ★21단 겉4, 안105, 겉4

(소매 분리)

- ★22단 겉14, 버림실에 28코 걸어두기, 감8, 겉29, 버림실에 28코 걸어두기, 감8, 겉14 73
- ★23단 겉4, 안65, 겉4
- ★24단 겉73
- ★25단 겉4, 안65, 겉4
- ★26~31단 24~25단 3번 반복
- ★32단 겉69, 왼모, 바비(단춧구멍), 겉2
- ★33단 겉4, 안65, 겉4

(왼쪽 앞판)

73코 중 17코만으로 작업합니다. 56코는 쉼코로 둡니다.

★ **34단** 겉17

★ **35단** 안13, 겉4

★ **36단** 겉4, (겉1, 안1)×6, 겉1

★ **37단** (안1, 겉1)×6, 안1, 겉4

★ **38~39단** 36~37단 1번 반복

겉뜨기는 겉뜨기로 뜨면서, 안뜨기는 안뜨기로 뜨면서 코막음 합니다.

(뒤판)

쉼코로 둔 56코 중 39코로 작업합니다. 17코는 쉼코로 둡니다.

★ **34단** 겉39

★ **35단** 안39

★ **36단** (겉1, 안1)×19, 겉1

★ **37단** 안1, (겉1, 안1)×19

★ **38~39단** 36~37단 1번 반복

겉뜨기는 겉뜨기로 뜨면서, 안뜨기는 안뜨기로 뜨면서 코막음 합니다.

(오른쪽 앞판)

쉼코로 둔 17코로 작업합니다.

★ **34단** 겉17

★ **35단** 겉4, 안13

★ **36단** (겉1, 안1)×6, 겉5

★ **37단** 겉4, (안1, 겉1)×6, 안1

★ **38~39단** 36~37단 1번 반복

겉뜨기는 겉뜨기로 뜨면서, 안뜨기는 안뜨기로 뜨면서 코막음 합니다.

(소매)

22단에서 버림실에 걸어두었던 28코를 장갑바늘 2개에 옮긴 후 감아코 8코 만들었던 자리에서 8코를 주워 원형뜨기 합니다. 양쪽 소매를 같은 방법으로 뜹니다.

★ **1단** 감아코에서 8코 줍기, 겉28 36

★ **2~10단** 겉36×9단

★ **11~12단** (중보라 겉1, 노랑 겉3)×9

★ **13~15단** 노랑 겉36

★ **16단** 노랑 겉2, (중보라 겉1, 노랑 겉3)×8, 중보라 겉1, 노랑 겉1

★ **17~19단** 노랑 겉36

★ **20단** (중보라 겉1, 노랑 겉3)×9

★ **21~23단** 노랑 겉36

★ **24~31단** 16~23단 1번 반복

★ **32~35단** (노랑 겉1, 안1)×18

겉뜨기는 겉뜨기로 뜨면서, 안뜨기는 안뜨기로 뜨면서 코막음 합니다.

(스커트)

2mm 줄바늘이나 장갑바늘로 중보라색 실을 사용하여 120코를 만들어 원형뜨기 합니다.

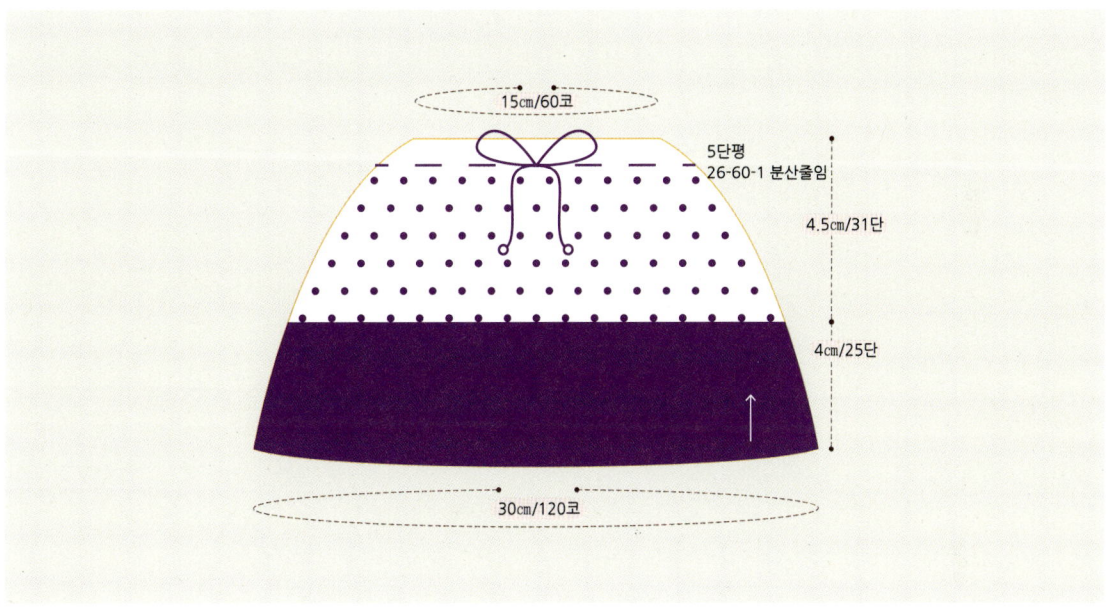

* 1~17단 중보라 겉120
* 18~19단 (중보라 겉1, 노랑 겉3)×30
* 20~22단 노랑 겉120×3단
* 23단 노랑 겉2, (중보라 겉1, 노랑 겉3)×29, 중보라 겉1, 노랑 겉1
* 24~26단 노랑 겉120×3단
* 27단 (중보라 겉1, 노랑겉3)×30
* 28~30단 노랑 겉120×3단
* 31~38단 31~38단 1번 반복
* 39~42단 31~34단 1번 반복
* 43단 노랑 왼모×60 60
* 44~45단 (노랑 겉1, 안2)×20
* 46단 (노랑 겉1, 바비, 안왼모1)×20
* 47~48단 (노랑 겉1, 안2)×20

겉뜨기는 겉뜨기로 뜨면서, 안뜨기는 안뜨기로 뜨면서 코막음합니다.

(허리 끈)

앙고라 3합 중보라색을 레이스 2호 코바늘로 사슬뜨기 40cm 정도 뜬 후 양쪽 끝을 각각 묶어 마무리합니다. 그다음 스커트 54단 바비 부분에 끼웁니다.

마무리

1. 상의 티셔츠 앞단 단춧구멍 위치에 맞춰서 단추 3개를 달아줍니다.
2. 시작한 부분의 마무리로 레이스 2호 코바늘을 사용해 되돌아 짧은뜨기를 합니다.
3. 스커트 하의 허리 부분에 끈을 끼워 리본 모양으로 예쁘게 묶어줍니다.
4. 스커트 안쪽으로 스팀다림을 하여 스커트 밑단이 말리지 않도록 합니다.

복고풍 나팔바지 & 나팔소매

난이도 ★★★★☆

복고하면 연상되는 디자인이 바로 나팔이지요? 소매와 바지를 나팔 모양으로 디자인하여 복고풍의 느낌을 표현했습니다. 소매 끝과 바지 끝에 배색 무늬를 넣어 화려함을 주고, 짧은 상의로 발랄함을 표현해서 세련된 복고 의상이 완성되었습니다.

상의 단추 여밈을 앞으로 하면 귀여운 카디건으로도 연출할 수 있고, 바지도 허리 부분 트임을 앞뒤로 바꿔서 연출 가능합니다. 귀여운 머플러도 만들어 슬쩍 걸쳐주는 센스를 발휘해보세요. 여기에 같은 색상의 배색이 들어간 귀여운 손가방도 추가해 풀세트를 완성해 보는 것도 추천합니다.

사이즈
- ★ **상의** 총 길이 7cm, 가슴둘레 16.6cm, 소매길이 8.5cm
- ★ **바지** 총 길이 18cm, 엉덩이둘레 21cm
- ★ **머플러** 총 길이 31cm, 폭 2cm
- ★ **모칠라백** 총 길이 5cm, 가방둘레 9cm

게이지
- ★ 메리야스뜨기 4.5코×5.5단(1cm×1cm)

준비물
- ★ **실** 블루민트색 울 2합 23g, 오렌지색 앙고라 2합 5g
- ★ **바늘** 2mm 줄바늘과 장갑바늘, 레이스 2호 코바늘
- ★ **부재료** 5mm 원형단추 6개

How to Make

❶ 상의는 목둘레부터, 바지는 허리 라인부터 떠서 내려가는 톱다운(top down) 방식입니다.
❷ 상의에서 소매분리 전까지 늘리는 부분을 정확히 떠야 래글런 무늬가 예쁘게 나옵니다.
❸ 소매는 장갑바늘을 이용하여 원형뜨기 합니다.
❹ 바지에서 다리 부분을 나눠 뜰 때 가랑이 부분에 구멍이 생깁니다. 왼쪽 다리 부분 시작할 때 실꼬리를 여유 있게 남기고 떠주세요.
❺ 완성 후 말리는 부분은 스팀다림 합니다.
❻ 가방은 입구에서 바닥으로 떠내려가서 마무리한 뒤, 코바늘로 입구를 장식합니다.

★ 배색시 실 당김에 주의하며 뜹니다.

뜨개기법 및 약어	대바늘			코바늘
	★겉 겉뜨기	★원늘 원코 늘리기		★사슬뜨기
	★안 안뜨기	★오늘 오른코 늘리기		★짧은뜨기
	★바비 바늘 비우기	★원모 원코 모아뜨기		★빼뜨기
	★감 감아코	★오모 오른코 모아뜨기		★긴뜨기
		★안오모 안뜨기로 오른코 모아뜨기		★2길긴뜨기

〈 상의 〉

2㎜ 줄바늘과 블루민트색 실로 46코를 만들어 시작합니다.
색상이 명시될 때 실 색상을 바꿔서 뜹니다.

앞판

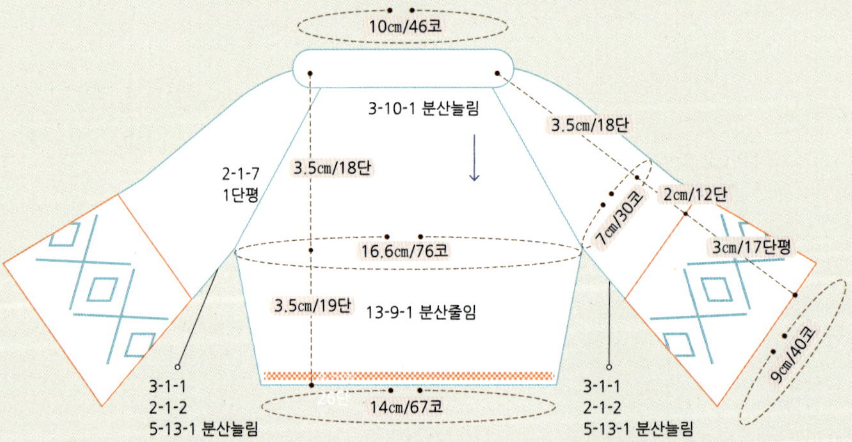

- 10cm/46코
- 3-10-1 분산늘림
- 3.5cm/18단
- 3.5cm/18단
- 2-1-7 1단평
- 2cm/12단
- 7cm/30코
- 16.6cm/76코
- 3cm/17단평
- 3.5cm/19단
- 13-9-1 분산줄임
- 9cm/40코
- 3-1-1 / 2-1-2 / 5-13-1 분산늘림
- 14cm/67코
- 3-1-1 / 2-1-2 / 5-13-1 분산늘림

뒤판

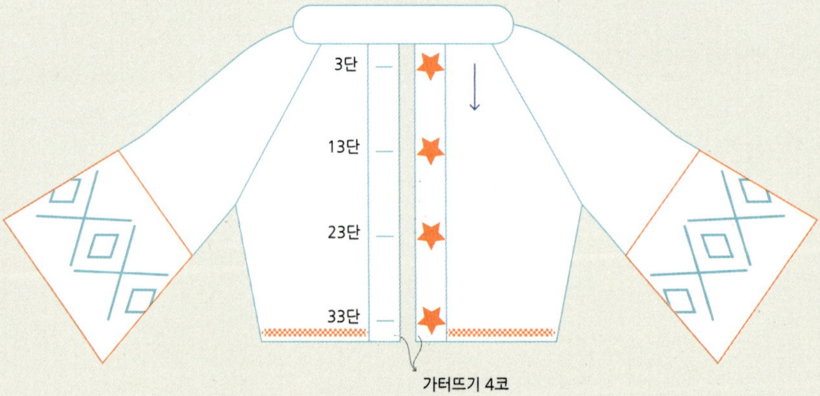

- 3단
- 13단
- 23단
- 33단
- 가터뜨기 4코

- ★ **1단** 겉46
- ★ **2단** 겉46
- ★ **3단** 겉5, (오늘, 겉4)×9, 오늘, 겉2, 바비(단춧구멍), 오모, 겉1 56
- ★ **4단** 겉4, 안48, 겉4
- ★ **5단** 겉9, 오늘, 겉2, 왼늘, 겉8, 오늘, 겉2, 왼늘, 겉14, 오늘, 겉2, 왼늘, 겉8, 오늘, 겉2, 왼늘, 겉9 64
- ★ **6단** 겉4, 안56, 겉4
- ★ **7단** 겉10, 오늘, 겉2, 왼늘, 겉10, 오늘, 겉2, 왼늘, 겉16, 오늘, 겉2, 왼늘, 겉10, 오늘, 겉2, 왼늘, 겉10 72
- ★ **8단** 겉4, 안64, 겉4
- ★ **9단** 겉11, 오늘, 겉2, 왼늘, 겉12, 오늘, 겉2, 왼늘, 겉18, 오늘, 겉2, 왼늘, 겉12, 오늘, 겉2, 왼늘, 겉11 80
- ★ **10단** 겉4, 안72, 겉4
- ★ **11단** 겉12, 오늘, 겉2, 왼늘, 겉14, 오늘, 겉2, 왼늘, 겉20, 오늘, 겉2, 왼늘, 겉14, 오늘, 겉2, 왼늘, 겉12 88
- ★ **12단** 겉4, 안80, 겉4
- ★ **13단** 겉13, 오늘, 겉2, 왼늘, 겉16, 오늘, 겉2, 왼늘, 겉22, 오늘, 겉2, 왼늘, 겉16, 오늘, 겉2, 왼늘, 겉10, 바비(단춧구멍), 오모, 겉1 96
- ★ **14단** 겉4, 안88, 겉4
- ★ **15단** 겉14, 오늘, 겉2, 왼늘, 겉18, 오늘, 겉2, 왼늘, 겉24, 오늘, 겉2, 왼늘, 겉18, 오늘, 겉2, 왼늘, 겉14 104
- ★ **16단** 겉4, 안96, 겉4
- ★ **17단** 겉15, 오늘, 겉2, 왼늘, 겉20, 오늘, 겉2, 왼늘, 겉26, 오늘, 겉2, 왼늘, 겉20, 오늘, 겉2, 왼늘, 겉15 112
- ★ **18단** 겉4, 안104, 겉4

(소매 분리)

- ★ **19단** 겉17, 버림실에 24코 걸어두기, 감6, 겉30, 버림실에 24코 걸어두기, 감6, 겉17 76
- ★ **20단** 겉4, 안68, 겉4
- ★ **21단** 겉76
- ★ **22단** 겉4, 안68, 겉4
- ★ **23단** 겉73, 바비(단춧구멍), 오모, 겉1
- ★ **24단** 겉4, 안68, 겉4
- ★ **25~30단** 21~22단을 3번 반복
- ★ **31단** 겉5, (왼모, 겉6)×8, 왼모, 겉5 67
- ★ **32단** 겉4, 안59, 겉4
- ★ **33단** 블루민트 겉4, (오렌지 겉1, 블루민트 겉1)×29, 오렌지 겉1, 블루민트 겉1, 바비(단춧구멍), 오모, 겉1
- ★ **34단** 블루민트 겉4, (블루민트 안1, 오렌지 안1)×29, 블루민트 안1, 겉4
- ★ **35~36단** 33~34단을 1번 반복
- ★ **37단** 블루민트 겉4, 안59, 겉4

안뜨기로 뜨면서 코막음 합니다.

소맷단 배색무늬 - 원형뜨기

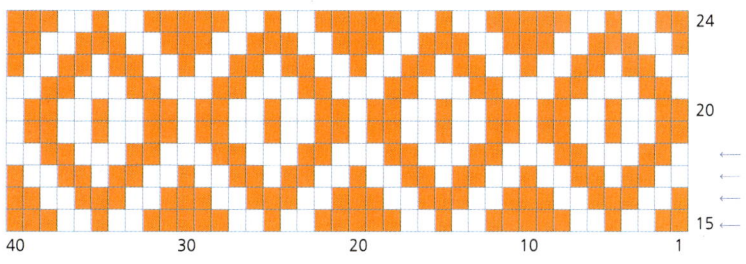

〈 소매 〉

19단에서 버림실에 걸어두었던 24코를 장갑바늘 2개에 옮긴 후 감아코 6코 만들었던 자리에서 6코를 주워 원형뜨기 합니다. 양쪽 소매를 같은 방법으로 뜹니다.

★ **1단** 감아코에서 6코 줍기, 겉24 30

★ **2단** 겉30

★ **3단** 왼모, 겉28 29

★ **4단** 겉29

★ **5단** 겉27, 왼모 28

★ **6단** 겉28

★ **7단** 왼모, 겉26 27

★ **8~11단** 겉27 × 4단

★ **12단** 겉1, (오늘, 겉2)×13 40

★ **13~14단** 오렌지 겉40 × 2단

소맷단 배색무늬 차트 참고 (15~24단)

★ **15단** 오렌지 겉2, (블루민트 겉2, 오렌지 겉1, 블루민트 겉2, 오렌지 겉5)×3, 블루민트 겉2, 오렌지 겉1, 블루민트 겉2, 오렌지 겉3

★ **16단** 오렌지 겉1, (블루민트 겉2, 오렌지 겉3, 블루민트 겉2, 오렌지 겉3)×3, 블루민트 겉2, 오렌지겉3, 블루민트 겉2, 오렌지 겉2

★ **17단** (블루민트 겉2, 오렌지 겉2, 블루민트 겉1, 오렌지 겉2, 블루민트 겉2, 오렌지 겉1)×4

★ **18단** 블루민트 겉1, (오렌지 겉2, 블루민트 겉3, 오렌지 겉2, 블루민트 겉3)×3, 오렌지 겉2, 블루민트겉3, 오렌지 겉2, 블루민트 겉2

★ **19단** (오렌지 겉2, 블루민트 겉2, 오렌지 겉1, 블루민트 겉2, 오렌지 겉2, 블루민트 겉1)×4

★ **20단** 19단과 동일

★ **21단** 18단과 동일

★ **22단** 17단과 동일

★ **23단** 16단과 동일

★ **24단** 15단과 동일

★ **25~26단** 오렌지 겉40 × 2단

★ **27단** 안40

★ **28단** 겉40

★ **29단** 안40

겉뜨기로 뜨면서 코막음 합니다. 다른 쪽 소매 부분도 같은 방법으로 진행합니다.

바지

허리부터 떠서 내려가는 톱다운 방식의 배색 바지입니다. 2㎜ 줄바늘과 블루민트색 실로 64코를 만들어 시작합니다. 색상이 명시될 때 실 색상을 바꿔서 뜹니다.

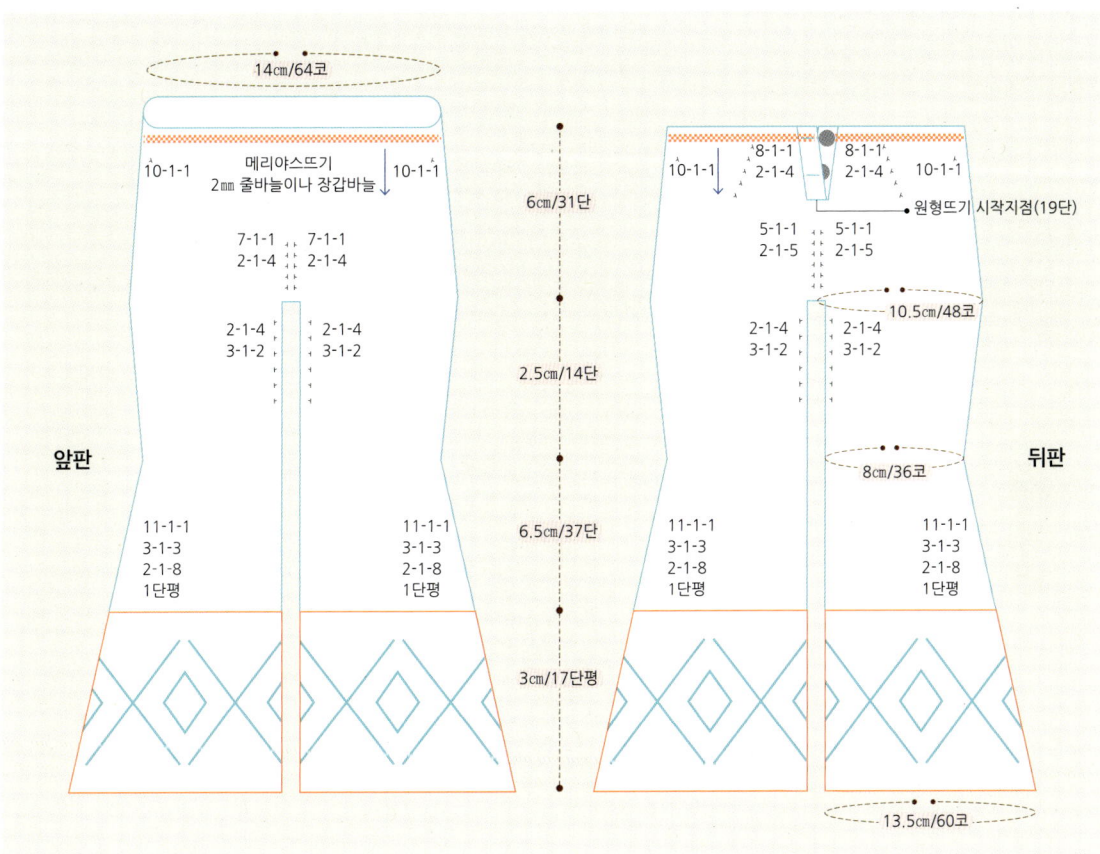

✧ ✧ ✧

★ **1단** 겉64

★ **2단** 겉4, (오렌지 겉1, 블루민트 겉1)×28, 겉1, 바비(단춧구멍), 오모, 겉1

★ **3단** 겉4, (오렌지 안1, 블루민트 안1)×28, 겉4

★ **4단** 겉4, (오렌지 겉1, 블루민트 겉1)×28, 겉4

★ **5단** 겉4, (오렌지 안1, 블루민트 안1)×28, 겉4

★ **6단** 겉64

★ **7단** 겉4, 안56, 겉4

★ **8단** 겉8, 오늘, 겉48, 왼늘, 겉8 66

★ **9단** 겉4, 안58, 겉4

★ **10단** 겉9, 오늘, 겉8, 오늘, 겉2, 왼늘, 겉28, 오늘, 겉2, 왼늘, 겉8, 왼늘, 겉9 72

★ **11단** 겉4, 안64, 겉4

★ **12단** 겉10, 오늘, 겉52, 왼늘, 겉7, 바비(단춧구멍), 오모, 겉1 74

★ **13단** 겉4, 안66, 겉4

★ **14단** 겉11, 오늘, 겉52, 왼늘, 겉11 76

★ **15단** 겉4, 안68, 겉4

★ **16단** 겉12, 오늘, 겉52, 왼늘, 겉12 78

★ 17단 겉4, 안70, 겉4

★ 18단 4코 코막음, 겉71, 남은 2코는 다음 단으로 넘어갑니다.

★ 19단 남은 2코 겉2, 원형뜨기 시작, 겉72, 4코 코막음으로 시작점 이동합니다.

★ 20단 겉74

★ 21단 오늘, 겉74, 왼늘 76

★ 22단 겉76

★ 23단 오늘, 겉38, 왼늘, 오늘, 겉38, 왼늘 80

★ 24단 겉80

★ 25단 오늘, 겉40, 왼늘, 오늘, 겉40, 왼늘 84

★ 26단 겉84

★ 27단 오늘, 겉42, 왼늘, 오늘, 겉42, 왼늘 88

★ 28단 겉88

★ 29단 오늘, 겉44, 왼늘, 오늘, 겉44, 왼늘 92

★ 30단 겉92

★ 31단 오늘, 겉46, 왼늘, 오늘, 겉46, 왼늘 96

{ 오른쪽 다리 }

96코 중 48코로 작업합니다. 나머지 48코는 쉼코로 버림실에 걸어둡니다.

★ 32단 겉48

★ 33단 겉1, 왼모, 겉42, 오모, 겉1 46

★ 34단 겉46

★ 35단 겉1, 왼모, 겉40, 오모, 겉1 44

★ 36단 겉44

★ 37단 겉1, 왼모, 겉38, 오모, 겉1 42

★ 38단 겉42

★ 39단 겉1, 왼모, 겉36, 오모, 겉1 40

★ 40단 겉40

★ 41단 겉40

★ 42단 겉1, 왼모, 겉34, 오모, 겉1 38

★ 43단 겉38

★ 44단 겉38

★ 45단 겉1, 왼모, 겉32, 오모, 겉1 36

★ 46~55단 겉36 × 10단

★ 56단 겉18, 오늘, 겉18, 왼늘 38

★ 57~58단 겉38 × 2단

★ 59단 겉19, 오늘, 겉18, 왼늘, 겉1 40

★ 60~61단 겉40 × 2단

★ 62단 겉20, 오늘, 겉18, 왼늘, 겉2 42

★ 63~64단 겉42 × 2단

★ 65단 겉21, 오늘, 겉18, 왼늘, 겉3 44

★ 66단 겉44

★ 67단 겉22, 오늘, 겉18, 왼늘, 겉4 46

★ 68단 겉46

★ 69단 겉23, 오늘, 겉18, 왼늘, 겉5 48

★ 70단 겉48

★ 71단 겉24, 오늘, 겉18, 왼늘, 겉6 50

★ 72단 겉50

★ 73단 겉25, 오늘, 겉18, 왼늘, 겉7 52

★ 74단 겉52

★ 75단 겉26, 오늘, 겉18, 왼늘, 겉8 54

★ 76단 겉54

★ 77단 겉27, 오늘, 겉18, 왼늘, 겉9 56

★ 78단 겉56

★ 79단 겉28, 오늘, 겉18, 왼늘, 겉10 58

★ 80단 겉58

★ 81단 겉29, 오늘, 겉18, 왼늘, 겉11 60

★ 82단 겉60

바짓단 배색무늬 - 원형뜨기

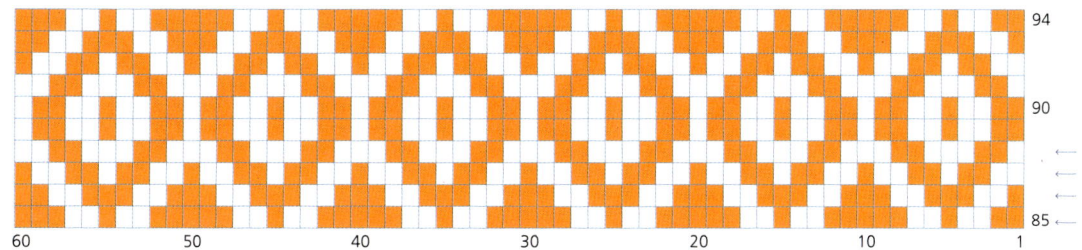

★ 83~84단 오렌지 겉60×2단

바짓단 배색무늬 차트 참고 (85~94단)

★ 85단 오렌지 겉2, (블루민트 겉2, 오렌지 겉1, 블루민트 겉2, 오렌지 겉5)×5, 블루민트 겉2, 오렌지 겉1, 블루민트 겉2, 오렌지 겉3

★ 86단 오렌지 겉1, (블루민트 겉2, 오렌지 겉3, 블루민트 겉2, 오렌지 겉3)×5, 블루민트 겉2, 오렌지 겉3, 블루민트 겉2, 오렌지 겉2

★ 87단 (블루민트 겉2, 오렌지 겉2, 블루민트 겉1, 오렌지 겉2, 블루민트 겉2, 오렌지 겉1)×6

★ 88단 블루민트 겉1, (오렌지 겉2, 블루민트 겉3, 오렌지 겉2, 블루민트 겉3)×5, 오렌지 겉2, 블루민트 겉3, 오렌지 겉2, 블루민트 겉2

★ 89단 (오렌지 겉2, 블루민트 겉2, 오렌지 겉1, 블루민트 겉2, 오렌지 겉2, 블루민트 겉1)×6

★ 90단 89단과 동일

★ 91단 88단과 동일

★ 92단 87단과 동일

★ 93단 86단과 동일

★ 94단 85단과 동일

★ 95~96단 오렌지 겉60 × 2단

★ 97단 안60

★ 98단 겉60

★ 99단 안60

겉뜨기로 뜨면서 코막음 합니다.

왼쪽 다리

쉼코로 둔 48코로 작업합니다.

★ 32~55단 오른쪽 다리 부분과 동일합니다.

★ 56단 오늘, 겉18, 왼늘, 겉18 38

★ 57~58단 겉38 × 2단

★ 59단 겉1 오늘, 겉18, 왼늘, 겉19 40

★ 60~61단 겉40 × 2단

★ 62단 겉2, 오늘, 겉18, 왼늘, 겉20 42

★ 63~64단 겉42 × 2단

★ 65단 겉3, 오늘, 겉18, 왼늘, 겉21 44

★ 66단 겉44

★ 67단 겉4, 오늘, 겉18, 왼늘, 겉22 46

★ 68단 겉46

★ 69단 겉5, 오늘, 겉18, 왼늘, 겉23 48

★ 70단 겉48

★ 71단 겉6, 오늘, 겉18, 왼늘, 겉24 50

★ 72단 겉50

★ 73단 겉7, 오늘, 겉18, 왼늘, 겉25 52

★ 74단 겉52

★ 75단 겉8, 오늘, 겉18, 왼늘, 겉26 54

★ 76단 겉54

★ 77단 겉9, 오늘, 겉18, 왼늘, 겉27 56

★ **78단** 겉56
★ **79단** 겉10, 오늘, 겉18, 왼늘, 겉28 58
★ **80단** 겉58
★ **81단** 겉11, 오늘, 겉18, 왼늘, 겉29 60
★ **82~99단** 오른쪽 다리 부분과 동일합니다.

(머플러) 2㎜ 줄바늘과 오렌지색 실로 140코를 만들어 시작합니다.

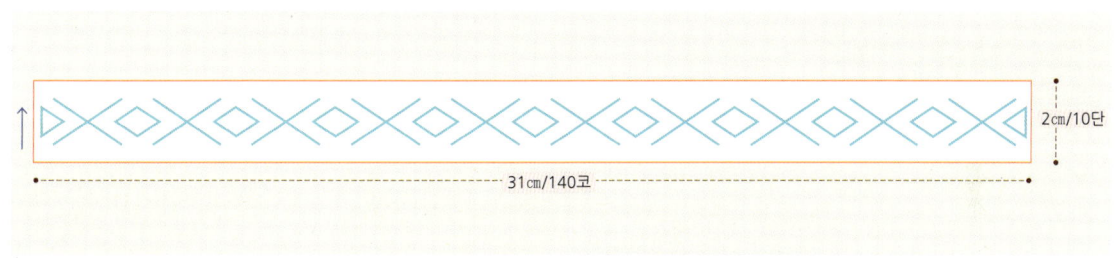

✧ ✧ ✧

★ **1단** (오렌지 겉2, 블루민트 겉2, 오렌지 겉1, 블루민트 겉2, 오렌지 겉3)×14

★ **2단** (오렌지 안2, 블루민트 안2, 오렌지 안3, 블루민트 안2, 오렌지 안1)×14

★ **3단** (블루민트 겉2, 오렌지 겉2, 블루민트 겉1, 오렌지 겉2, 블루민트 겉2, 오렌지 겉1)×14

★ **4단** (블루민트 안2, 오렌지 안2, 블루민트 안3, 오렌지 안2, 블루민트 안1)×14

★ **5단** (오렌지 겉2, 블루민트 겉2, 오렌지 겉1, 블루민트 겉2, 오렌지 겉2, 블루민트 겉1)×14

★ **6단** (블루민트 안1, 오렌지 안2, 블루민트 안2, 오렌지 안1, 블루민트 안2, 오렌지 안2)×14

★ **7단** (블루민트 겉1, 오렌지 겉2, 블루민트 겉3, 오렌지 겉2, 블루민트 겉2)×14

★ **8단** (오렌지 안1, 블루민트 안2, 오렌지 안2, 블루민트 안1, 오렌지 안2, 블루민트 안2)×14

★ **9단** (오렌지 겉1, 블루민트 겉2, 오렌지 겉3, 블루민트 겉2, 오렌지 겉2)×14

★ **10단** (오렌지 안3, 블루민트 안2, 오렌지 안1, 블루민트 안2, 오렌지 안2)×14

오렌지색 실로 겉뜨기 하면서 코막음 합니다.

마무리

❶ 실꼬리는 정리하고 살짝 스팀다림 합니다.
❷ 단춧구멍 위치에 맞춰서 단추를 답니다.
❸ 바지 18단의 코막음 한 가터단은 안쪽에 감침질하여 고정합니다.

(모칠라백) 2mm 줄바늘과 블루민트색 실로 40코를 만들어 원형뜨기 합니다.

(가방 몸판)

★ **1~4단** 겉40×4단

★ **5단** 오렌지2, (블루민트 2, 오렌지1, 블루민트 2, 오렌지5)×3, 블루민트2, 오렌지1, 블루민트2, 오렌지3

★ **6단** 오렌지1, (블루민트2, 오렌지3, 블루민트2, 오렌지3)×3, 블루민트2, 오렌지3, 블루민트2, 오렌지2

★ **7단** (블루민트2, 오렌지2, 블루민트1, 오렌지1, 블루민트2, 오렌지1)×4

★ **8단** 블루민트1, (오렌지2, 블루민트3, 오렌지2, 블루민트3)×3, 오렌지2, 블루민트3, 오렌지2, 블루민트2

★ **9단** (오렌지2, 블루민트2, 오렌지1, 블루민트2, 오렌지2, 블루민트1)×4

★ **10단** 9단과 동일

★ **11단** 8단과 동일

★ **12단** 7단과 동일

★ **13단** 6단과 동일

★ **14단** 5단과 동일

★ **15~18단** 블루민트 겉40×4단

★ **19단** 안40

★ **20단** (안6, 안오모)×5 35

★ **21단** (안5, 안오모)×5 30

★ **22단** (안4, 안오모)5 25

★ **23단** (안3, 안오모)×5 20

★ **24단** (안2, 안오모)×5 15

★ **25단** (안1, 안오모)×5 10

★ **26단** 안오모×5 5

남은 5코는 돗바늘에 실을 끼우고 5코를 통과시킨 뒤 잡아당겨 마무리합니다.

(가방 입구 장식)

레이스 2호 코바늘을 사용하여 오렌지색으로 원형뜨기 합니다.
(가방 입구 장식 도안 참고)

★ **1단** 몸판 시작할 때 40코 만든 부분에서 기둥코로 사슬뜨기1, (짧은뜨기1, 사슬뜨기3)×12, 짧은뜨기1, 사슬뜨기1, 긴뜨기를 첫 번째 짧은뜨기 자리에 뜹니다.

★ **2단** 기둥코로 사슬뜨기1, (짧은뜨기1, 사슬뜨기3)×12, 짧은뜨기1, 사슬뜨기1, 긴뜨기를 첫 번째 짧은뜨기 자리에 뜹니다.

★ **3단** 기둥코로 사슬뜨기4, 2길긴뜨기4, (짧은뜨기1, 2길긴뜨기9)×6. 짧은뜨기1, 2길긴뜨기4, 빼뜨기

(가방끈)

레이스 2호 코바늘을 사용하여 오렌지색으로 시작합니다.
(가방끈 뜨기 도안 참고)

❶ 블루민트색을 사슬뜨기 28㎝ 길이로 뜹니다.
❷ 오렌지색으로 블루민트 사슬코에 빼뜨기 합니다.
❸ 만들어진 끈을 가방 입구 장식 1단의 사슬뜨기 부분으로 통과시켜 양 끝을 묶어 줍니다.
❹ 끈 길이를 한 줄로 길게, 두 줄로 짧게 연출할 수 있습니다.

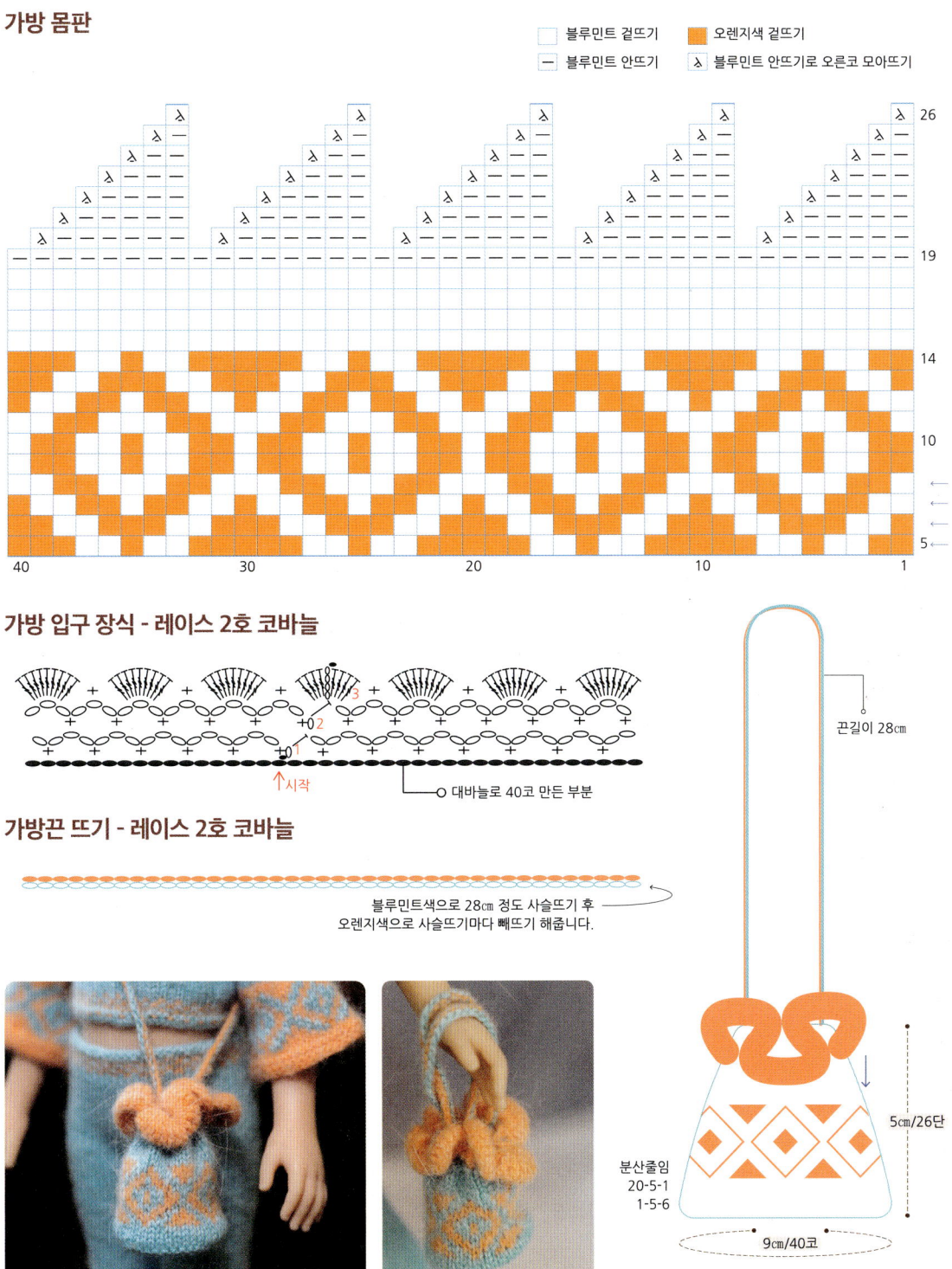

민소매 브이넥 티 & 데님 바지

난이도 ★★⯨☆☆

민소매 티는 시원하게 브이넥으로 입혀도 되고, 조끼처럼 긴소매 위에 입힐 수도 있어 사계절 코디가 가능한 아이템입니다. 스트라이프 무늬를 넣어 경쾌함을 주었고, 빨간색 포인트 라인을 따라 속주머니까지 만들어 포근한 디테일을 살렸습니다. 브이넥 단에도 빨간색 포인트를 맞춰 넣어주는 센스! 바지는 청바지처럼 보이도록 데님 색상의 밑단이 접히는 캐주얼한 디자인으로, 반바지는 단에 배색을 넣어 귀엽게 연출했습니다.

사이즈
- ★ **민소매 티셔츠**   총 길이 9.2㎝, 가슴둘레 18㎝
- ★ **긴바지**   총 길이 16.5㎝, 엉덩이둘레 22㎝
- ★ **반바지**   총 길이 5.5㎝, 엉덩이둘레 22㎝

게이지
- ★ 메리야스뜨기 4코×6단(1㎝×1㎝)

준비물
- ★ **실**   램스울 2합 데님색 20g, 하늘색 10g, 빨간색 약간(3피스 기준)
- ★ **바늘**   2mm 줄바늘과 장갑바늘
- ★ **부재료**   5mm 또는 7mm 원형단추 4개

How to Make

★ 민소매 티셔츠
1. 아래에서 위로 떠올라가는 바텀업(bottom up) 방식으로 뜹니다.
2. 주머니를 따로 뜨지 않고 몸판을 뜨면서 완성합니다.
3. 브이넥단과 소맷단을 몸판과 같이 떠 나갑니다.
4. 몸판을 다 뜬 뒤 어깨를 연결합니다.

★ 바지
1. 허리부터 시작해서 아래로 떠내려가는 톱다운(top down) 방식으로 뜹니다.
2. 바짓가랑이의 남은 실꼬리를 돗바늘에 끼워 벌어진 부분을 오므려줍니다.
3. 톱다운 방식이라 바지 길이를 자유롭게 조절할 수 있습니다.

★ 레이나 체형에 맞춰 엉덩이에 볼륨을 주었고, 바짓가랑이 부분이 편안하도록 늘림과 줄임을 주었습니다.

나의 소중한 파올라 레이나를 위하여

뜨개기법 및 약어
- 겉 겉뜨기
- 안 안뜨기
- 바비 바늘 비우기
- 왼모 왼코 모아뜨기
- 오모 오른코 모아뜨기
- 왼늘 왼코 늘리기
- 오늘 오른코 늘리기

(민소매 티셔츠)

2mm 줄바늘을 2개로 겹쳐잡고 하늘색 실로 72코를 만들어 시작합니다.
색상이 명시될 때 실 색상을 바꿔서 뜹니다.

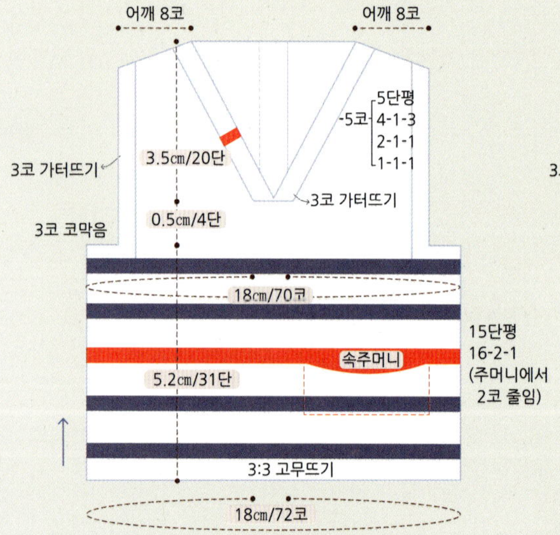

[도안: 앞판 - 어깨 8코, 3코 가터뜨기, 3.5cm/20단, 0.5cm/4단, 3코 코막음, 5단평 -5코 4-1-3 2-1-1 1-1-1, 3코 가터뜨기, 18cm/70코, 속주머니, 5.2cm/31단, 15단평 16-2-1 (주머니에서 2코 줄임), 3:3 고무뜨기, 18cm/72코]

[도안: 뒤판 - 어깨 8코 / 8코 / 8코 / 어깨 8코, 0.5cm/4단, 50단, 3.5cm/22단, 36단, 3코 가터뜨기, 4코 가터뜨기, 3코 코막음, 5.2cm/31단, 22단, 8단, 3:3 고무뜨기]

✦ ✦ ✦

* **1~3단** (겉3, 안3)×12 **72**
* **4단** 데님 겉72
* **5단** 겉4, 안64, 겉4
* **6단** 하늘 겉72
* **7단** 겉4, 안64, 겉4
* **8단** 겉1, 왼모, 바비(단춧구멍), 겉69
* **9단** 겉4, 안 64, 겉4
* **10~13단** 4~7단 1번 반복
* **14~15단** 6~7단 1번 반복
* **16단** 빨강 겉23, 지금부터 주머니 10코만 작업합니다.
  1. 빨강 겉10, 턴
  2. 안10, 턴
  3. 1~2번을 11번 반복
  4. 왼모, 겉6, 왼모 - 여기까지 주머니입니다.
  5. 이어서 겉39 **70**
* **17단** 겉4, 안62, 겉4
* **18단** 하늘 겉70
* **19단** 겉4, 안62, 겉4

- ★ **20~21단** 18~19단 1번 반복
- ★ **22단** 데님 겉1, 왼모, 바비(단춧구멍), 겉67
- ★ **23단** 겉4, 안62, 겉4
- ★ **24~27단** 18~19단 2번 반복
- ★ **28단** 데님 겉70
- ★ **29단** 겉4, 안9, 겉12, 안20, 겉12, 안9, 겉4
- ★ **30단** 하늘 겉70
- ★ **31단** 겉4, 안9, 겉12, 안20, 겉12, 안9, 겉4

앞, 뒤판 분리해서 뜹니다. 지금부터는 하늘색으로만 작업합니다.

{ 왼쪽 뒤판 }

70코 중 16코로 작업하고 나머지 54코는 쉼코로 둡니다.

- ★ **32단** 겉16
- ★ **33단** 겉3, 안9, 겉4
- ★ **34~35단** 32~33단 1번 반복
- ★ **36단** 겉1, 왼모, 바비(단춧구멍), 겉13
- ★ **37단** 겉3, 안9, 겉4
- ★ **38~49단** 32~33단 6번 반복
- ★ **50단** 겉1, 왼모, 바비(단춧구멍), 겉13
- ★ **51단** 겉3, 안9, 겉4
- ★ **52단** 겉16
- ★ **53단** 겉3, 안9, 겉4
- ★ **54단** 8코 코막음, 겉7 8
- ★ **55단** 겉3, 안5
- ★ **56단** 겉8
- ★ **57단** 겉3, 안5

8코는 쉼코로 둡니다.

{ 앞판 }

쉼코로 둔 54코 중 32코로 작업하고 나머지 22코는 쉼코로 둡니다.

- ★ **32단** 6코 코막음, 겉25 26
- ★ **33단** 겉3, 안7, 겉6, 안7, 겉3
- ★ **34단** 겉26
- ★ **35단** 겉3, 안7, 겉6, 안7, 겉3

브이넥으로 나눠집니다.

{ 왼쪽 앞판 }

13코로 작업하고 나머지 13코는 쉼코로 둡니다.

- ★ **36단** 겉9, 왼모, 겉2 12
- ★ **37단** 겉3, 안6, 겉3
- ★ **38단** 겉8, 왼모, 겉2 11
- ★ **39단** 겉3, 안5, 겉3
- ★ **40단** 겉11
- ★ **41단** 겉3, 안5, 겉3
- ★ **42단** 겉7 왼모, 겉2 10
- ★ **43단** 겉3, 안4, 겉3
- ★ **44단** 겉10
- ★ **45단** 겉3, 안4, 겉3
- ★ **46단** 겉6, 왼모, 겉2 9
- ★ **47단** 겉3, 안3, 겉3
- ★ **48단** 겉9
- ★ **49단** 겉3, 안3, 겉3
- ★ **50단** 겉5, 왼모, 겉2 8
- ★ **51단** 겉3, 안2, 겉3
- ★ **52단** 겉8
- ★ **53단** 겉3, 안2, 겉3

★54~55단 52~53단 1번 반복

8코는 쉼코로 두고 실을 여유있게 잘라줍니다.

(오른쪽 앞판)

앞판 중심에서 시작합니다. 쉼코로 둔 13코로 작업합니다.

- ★36단 겉2, 오모, 겉9 12
- ★37단 겉3, 안6, 겉3
- ★38단 겉2, 오모, 겉8 11
- ★39단 겉3, 안5, 겉3
- ★40단 빨강 겉3, 하늘 겉8
- ★41단 겉3, 안5, 빨강 겉3
- ★42단 하늘 겉2, 오모, 겉7 10
- ★43단 겉3, 안4, 겉3
- ★44단 겉10
- ★45단 겉3, 안4, 겉3
- ★46단 겉2, 오모, 겉6 9
- ★47단 겉3, 안3, 겉3
- ★48단 겉9
- ★49단 겉3, 안3, 겉3
- ★50단 겉2, 오모, 겉5 8
- ★51단 겉3, 안2, 겉3
- ★52단 겉8
- ★53단 겉3, 안2, 겉3
- ★54~55단 52~53단 1번 반복

8코는 쉼코로 두고 실을 여유있게 잘라줍니다.

(오른쪽 뒤판)

마지막 남은 쉼코 22코로 작업합니다.

- ★32단 6코 코막음, 겉15 16
- ★33단 겉4, 안9, 겉3
- ★34단 겉16
- ★35단 겉4, 안9, 겉3
- ★36~53단 34~35단 9번 반복
- ★54단 겉16
- ★55단 안뜨기로 코막음8, 안4, 겉3 8
- ★56단 겉8
- ★57단 안5, 겉3

8코는 쉼코로 둡니다.

마무리

1. 어깨 연결하기 - 왼쪽 뒤판 쉼코 8코와 왼쪽 앞판 쉼코 8코를 겉면끼리 맞대어 겹쳐놓은 뒤 앞, 뒤코 한 코씩 같이 겉뜨기로 뜨고 코막음하면서 연결합니다. 오른쪽 어깨도 같은 방법으로 연결합니다.
2. 실꼬리를 정리하고 스팀다림 합니다.
3. 빨간색 주머니는 옆선을 감침질하고 몸판에 살짝 고정합니다.

민소매 브이넥 티 & 데님 바지

(긴바지)

2㎜ 줄바늘이나 장갑바늘을 사용하여 데님색 실로 66코를 만들어 원형뜨기로 시작합니다. 색상이 명시될 때 실 색상을 바꿔서 뜹니다.

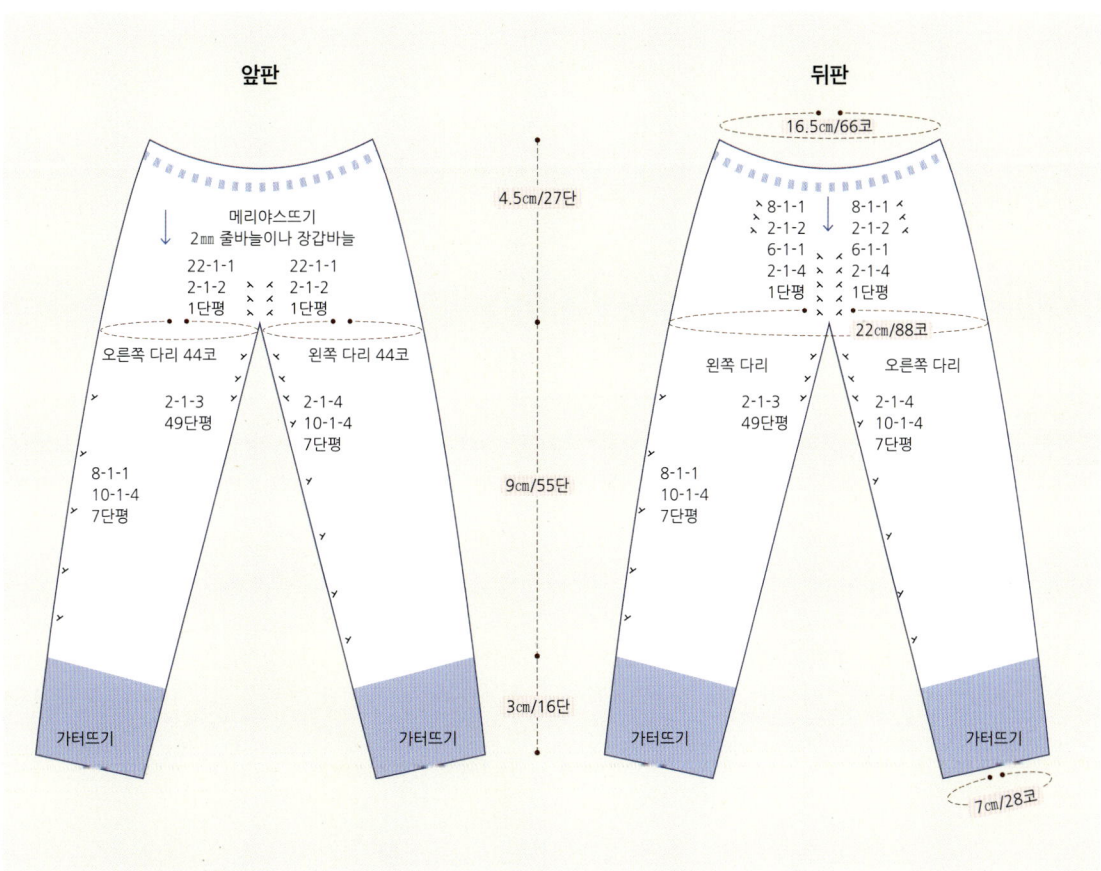

✧ ✧ ✧

★ **1단** 안66

★ **2~4단** (데님 겉1, 하늘 겉1)×33

★ **5단** 데님 겉66

★ **6단** 안66

★ **7단** 겉66

★ **8단** 겉10, 왼늘, 겉46, 오늘, 겉10 **68**

★ **9단** 겉68

★ **10단** 겉11, 왼늘, 겉46, 오늘, 겉11 **70**

★ **11단** 겉70

★ **12단** 겉12, 왼늘, 겉46, 오늘, 겉12 **72**

★ **13~17단** 겉72×5단, 밑위를 길게 하려면 4단 정도 더 뜹니다.

★ **18단** 겉1, 왼늘, 겉70, 오늘, 겉1 **74**

★ **19단** 겉74

★ **20단** 겉1, 왼늘, 겉72, 오늘, 겉1 **76**

★ **21단** 겉76

★ **22단** 겉1, 왼늘, 겉36, 오늘, 겉2, 왼늘, 겉36, 오늘, 겉1 **80**

★**23단** 겉80

★**24단** 겉1, 왼늘, 겉38, 오늘, 겉2, 왼늘, 겉38, 오늘, 겉1 84

★**25단** 겉84

★**26단** 겉1, 왼늘, 겉40, 오늘, 겉2, 왼늘, 겉40, 오늘, 겉1 88

★**27단** 겉88

(오른쪽 다리)

88코 중 44코로 작업합니다. 나머지 44코는 쉼코로 버림실에 걸어둡니다.

★**28단** 겉44

★**29단** 겉1, 오모, 겉38, 왼모, 겉1 42

★**30단** 겉42

★**31단** 겉1, 오모, 겉36, 왼모, 겉1 40

★**32단** 겉40

★**33단** 겉1, 오모, 겉34, 왼모, 겉1 38

★**34단** 겉38

★**35단** (왼모, 겉17)×2 36

★**36~44단** 겉36×9단

★**45단** (왼모, 겉16)×2 34

★**46~54단** 겉34×9단

★**55단** (왼모, 겉15)×2 32

★**56~64단** 겉32×9단

★**65단** (왼모, 겉14)×2 30

★**66~74단** 겉30×9단

★**75단** (왼모, 겉13)×2 28

★**76~82단** 겉28×7단

★**83단** 하늘 겉28

★**84단** 안28

★**85~98단** 83~84단 7번 반복

겉뜨기로 뜨면서 느슨하게 코막음 해주세요.

(왼쪽 다리)

바지의 가랑이 부분에서 시작합니다. 오른쪽 다리 28~98단까지 동일합니다.

마무리

❶ 실꼬리 정리하고 뒤집어서 살짝 스팀다림 합니다.
❷ 바지 밑단 하늘색 부분은 접어서 입혀도 예쁩니다.

(반바지) 긴바지의 1~28단까지 동일합니다.

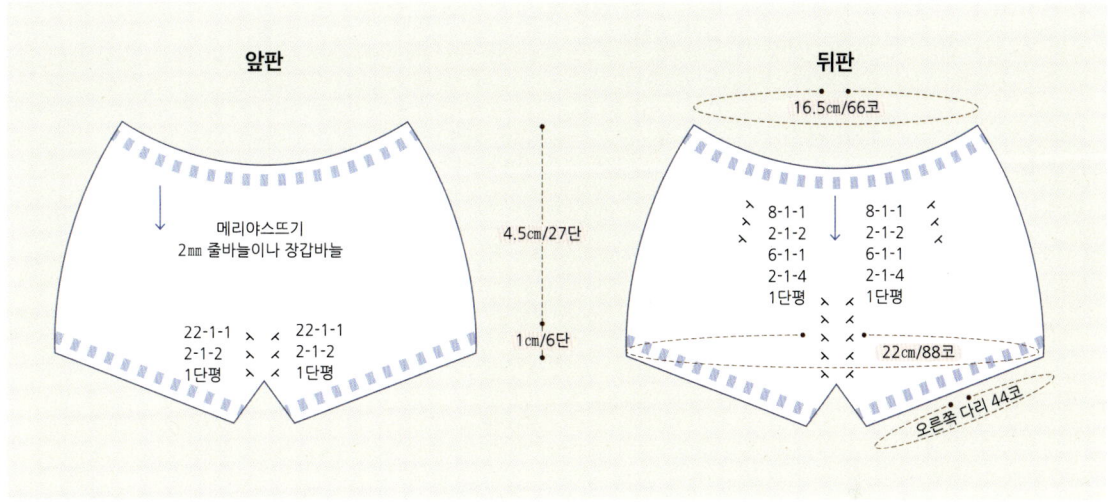

(양쪽 바짓단)

★ **29단** 안44

★ **30~32단** (데님 겉1, 하늘 겉1)×22

★ **33단** 데님 겉44

안뜨기로 뜨면서 코막음 합니다.

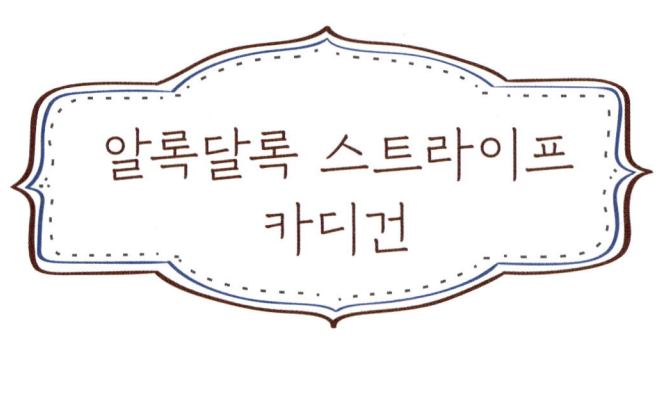

알록달록 스트라이프 카디건

난이도 ★★★☆☆

어떤 옷에도 가볍게 툭 걸치면 분위기도 살리고 포근함도 주는 고마운 아이템, 카디건입니다. 톱다운(top down) 방식으로 떠내려간 무늬 배색 카디건으로, 줄무늬마다 패턴을 다르게 넣어 디테일을 살렸습니다. 취향에 따라 길이를 더 길게 하여 롱 스타일로 떠도 멋스럽답니다. 면 팬츠, 데님, 스커트, 원피스 등 다양한 옷과 함께 코디해보세요.

사이즈
- ★ **기본** 총 길이 14cm, 가슴둘레 17cm, 소매길이 9.5cm
- ★ **롱** 총 길이 18.5cm, 가슴둘레 17cm, 소매길이 9.5cm

게이지
- ★ 무늬뜨기 4.2코×6.6단(1cm×1cm)

준비물
- ★ **실** 앙고라 2합
  A: 올리브색 5g B: 겨자색 5g
  C: 블루멜란지색 5g D: 분홍색 5g E: 보라색 5g
- ★ **바늘** 2mm 줄바늘과 장갑바늘
- ★ **부재료** 5mm 원형단추 7개(롱 스타일 8개)

How to Make

1. 목부터 시작해서 아래로 떠내려가는 톱다운(top down) 방식으로 뜹니다.
2. 단춧단을 따로 뜨지 않고 몸판과 같이 떠나갑니다.
3. 코 늘림을 분산하여 자연스러운 A라인으로 퍼지게 뜹니다.
4. 소매는 장갑바늘을 사용하여 원형뜨기 합니다.

★ 4단부터는 단춧단의 A실을 소량 감아 배색하면 편합니다.

뜨개기법 및 약어	★ 겉 겉뜨기	★ 바비 바늘 비우기	★ 왼모 왼코 모아뜨기
	★ 안 안뜨기	★ 감 감아코	★ 왼늘 왼코 늘리기

(기본 카디건) 2mm 줄바늘과 A실로 53코를 만들어 시작합니다.

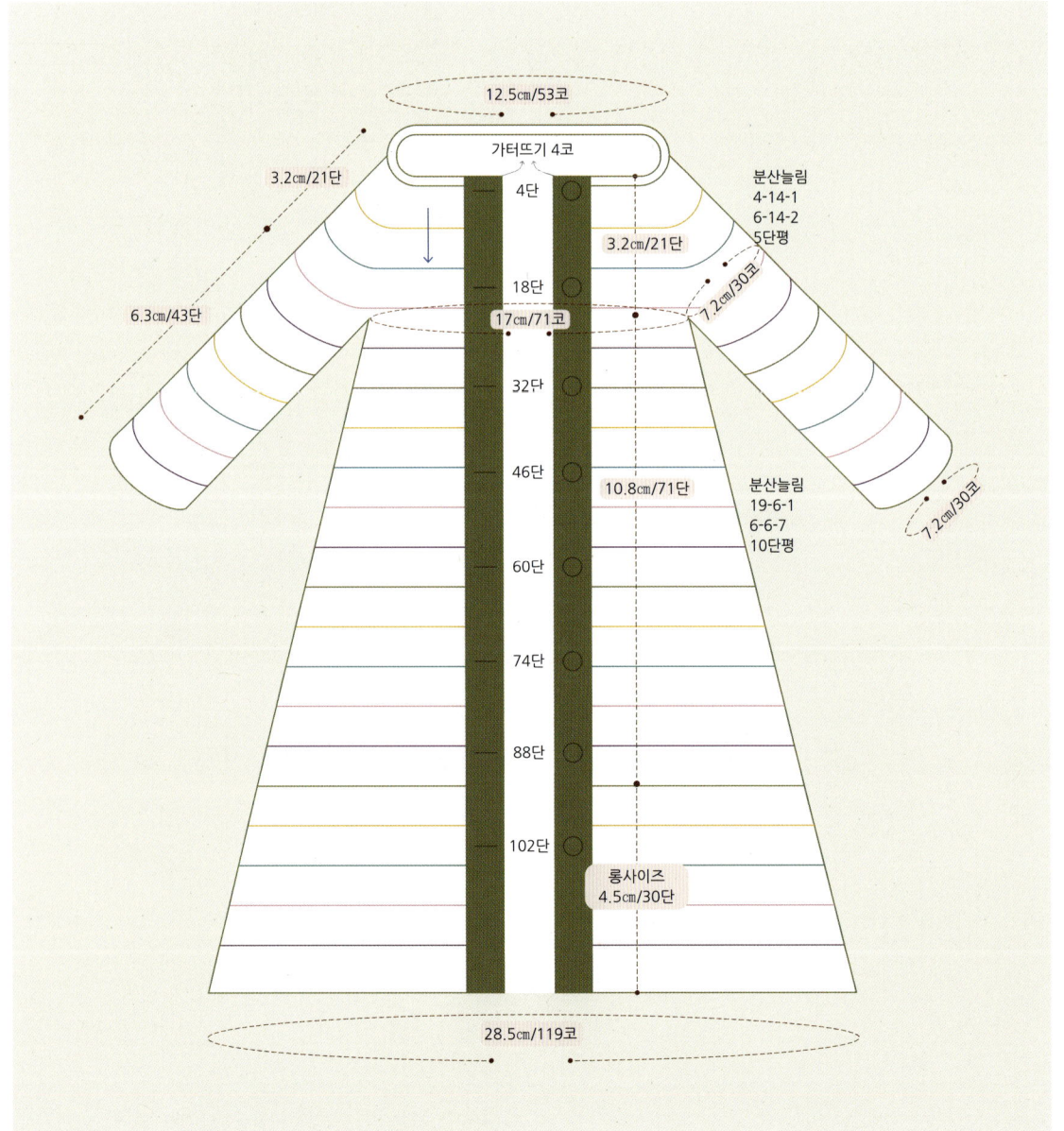

★**1단** A겉4, (안1, 겉1)×22, 안1, 겉4 53

★**2단** A겉53

★**3단** A겉4, (안1, 겉1)×22, 안1, 겉4

★**4단** A겉4, (B겉3, 왼늘)×14, 겉3, A왼모, 바비(단춧구멍), 겉2 67

★**5단** A겉4, B안3, (B겉4, 안4)×7, A겉4

★**6단** A겉4, (B겉4, 안4)×7, B겉3, A겉4

★**7단** A겉4, B겉1, (B안4, 겉4)×7, 안2, A겉4

★**8단** A겉4, B겉2, (B안4, 겉4)×7, 안1, A겉4

★**9단** A겉4, B겉59, A겉4

★**10단** A겉4, (C겉4, 왼늘)×14, C겉3, A겉4 81

★**11~14단** A겉4, (C안1, 겉1)×36, 안1, A겉4

★**15단** A겉4, C겉73, A겉4

★**16단** A겉4, D겉4, 왼늘, (D겉5, 왼늘)×13, D겉4, A겉4 95

★**17단** A겉4, (D안1, 겉1)×43, D안1, A겉4

★**18단** A겉4, D겉87, A왼모, 바비(단춧구멍), 겉2

★**19단** A겉4, (D안1, 겉1)×43, D안1, A겉4

★**20단** A겉4, D겉87, A겉4

★**21단** A겉4, D겉87, A겉4

카디건 무늬

기본 : 4~33단을 3번 반복, 롱 : 4~33단을 4번 반복

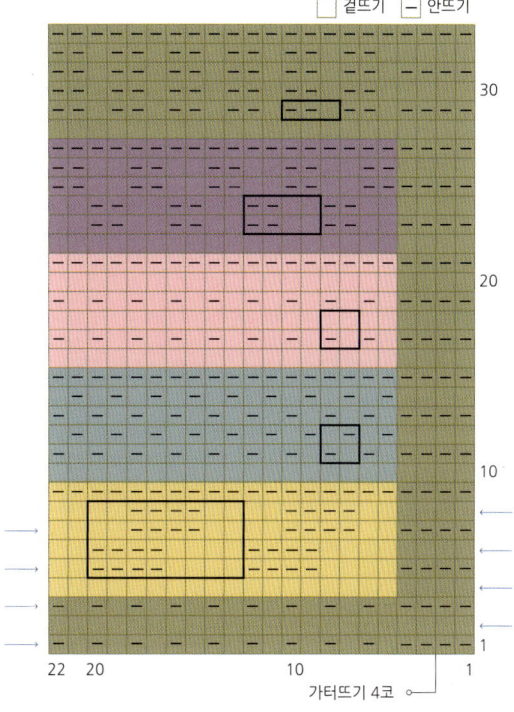

□ 굵은선 네모상자 안의 기호가 1무늬입니다.
  색상마다 참고해서 뜹니다.

→ 이 방향으로 뜨는 단은 보이는 기호의 반대로 뜹니다.
  예) 뒷면에서 뜨기 때문에 겉뜨기는 안뜨기로,
      안뜨기는 겉뜨기로 뜹니다.

(소매 분리)

★**22단** A겉4, E겉10, 버림실에 21코 걸어두기, 감9, 겉25, 버림실에 21코 걸어두기, 감9, 겉10, A겉4 71

★**23단** A겉4, E겉1, (E안2, 겉2)×15, 안2, A겉4

★**24단** A겉4, (E겉2, 안2)×15, E겉2, 안1, A겉4

★**25단** A겉4, E안1, (E겉2, 안2)×15, 겉2, A겉4

★**26단** A겉4, (E안2, 겉2)×15, 안2, 겉1, A겉4

★**27단** A겉4, E겉63, A겉4

★**28단** A겉71

★**29단** A겉4, (겉2, 안1)×21, 겉4

★**30단** A겉4, (겉1, 안2)×21, 겉4

★**31단** A겉4, (겉2, 안1)×21, 겉4

★**32단** A겉4, (겉1, 안2)×21, 왼모, 바비(단춧구멍), 겉2

★**33단** A겉71

★**34단** A겉4, B겉63, A겉4

★**35단** A겉4, B겉3, (B안4, 겉4)×7, 안4, A겉4

★**36단** A겉4, (B겉4, 안4)×7, 겉4, 안3, A겉4

★**37단** A겉4, B안1, (B겉4, 안4)×7, 겉4, 안2, A겉4

★ 38단 A겉4, B겉2, (B안4, 겉4)×7, 안4, 겉1, A겉4

★ 39단 A겉4, B겉63, A겉4

★ 40단 A겉4, C겉7, 왼늘, (C겉10, 왼늘)×5, 겉6, A겉4 77

★ 41~44단 A겉4, (C안1, 겉1)×34, 안1, A겉4

★ 45단 A겉4, C겉69, A겉4

★ 46단 A겉4, D겉7, 왼늘, (D겉11, 왼늘)×5, 겉7, A왼모, 바비(단춧구멍), 겉2 83

★ 47단 A겉4, (D안1, 겉1)×37, 안1, A겉4

★ 48단 A겉4, D겉75, A겉4

★ 49~50단 47~48단 1번 반복

★ 51단 A겉4, D겉75, A겉4

★ 52단 A겉4, E겉8, 왼늘, (E겉12, 왼늘)×5, E겉7, A겉4 89

★ 53단 A겉4, E안1, (E겉2, 안2)×20, A겉4

★ 54단 A겉4, (E겉2, 안2)×20, 겉1, A겉4

★ 55단 A겉4, E겉1, (E안2, 겉2)×20, A겉4

★ 56단 A겉4, (E안2, 겉2)×20, 안1, A겉4

★ 57단 A겉4, E겉81, A겉4

★ 58단 A겉4, 겉8, 왼늘, (겉13, 왼늘)×5, 겉12 95

★ 59단 A겉4, (겉2, 안1)×29, 겉4

★ 60단 A겉4, (겉1, 안2)×29, 왼모, 바비(단춧구멍), 겉2

★ 61단 A겉4, (겉2, 안1)×29, 겉4

★ 62단 A겉4, (겉1, 안2)×29, 겉4

★ 63단 A겉95

★ 64단 A겉4, B겉9, 왼늘, (B겉14, 왼늘)×5, 겉8, A겉4 101

★ 65단 A겉4, B겉1, (B안4, 겉4)×11, 안4, A겉4

★ 66단 A겉4, (B겉4, 안4)×11, 겉4, 안1, A겉4

★ 67단 A겉4, B겉3, (B안4, 겉4)×11, 안2, A겉4

★ 68단 A겉4, B겉2, (B안4, 겉4)×11, 안3, A겉4

★ 69단 A겉4, B겉93, A겉4

★ 70단 A겉4, C겉9, 왼늘, (C겉15, 왼늘)×5, 겉9, A겉4 107

★ 71~73단 A겉4, (C안1, 겉1)×49, 안1, A겉4

★ 74단 A겉4, (C안1, 겉1)×49, 안1, A왼모, 바비(단춧구멍), 겉2

★ 75단 A겉4, C겉99, A겉4

★ 76단 A겉4, D겉10, 왼늘, (D겉16, 왼늘)×5, 겉9, A겉4 113

★ 77단 A겉4, (D안1, 겉1)×52, 안1, A겉4

★ 78단 A겉4, D겉105, A겉4

★ 79~80단 77~78단 1번 반복

★ 81단 A겉4, D겉105, A겉4

★ 82단 A겉4, E겉10, 왼늘, (E겉17, 왼늘)×5, 겉10, A겉4 119

★ 83단 A겉4, E겉1, (E안2, 겉2)×27, 안2, A겉4

★ 84단 A겉4, (E겉2, 안2)×27, 겉2, 안1, A겉4

★ 85단 A겉4, E안1, (E겉2, 안2)×27, 겉2, A겉4

★ 86단 A겉4, (E안2, 겉2)×27, 겉1, A겉4

★ 87단 A겉4, C겉111, A겉4

★ 88단 A겉115, 왼모, 바비(단춧구멍), 겉2

★ 89단 A겉4, (겉2, 안1)×37, 겉4

★ 90단 A겉4, (겉1, 안2)×37, 겉4

★ 91~92단 89~90단 1번 반복

안뜨기로 뜨면서 코막음 합니다.

알록달록 스트라이프 카디건

(롱 카디건) 롱 스타일로 뜰 경우 코막음 없이 92단 이후에 연결해서 뜹니다.

★ **93단** A겉119

★ **94단** A겉4, B겉111, A겉4

★ **95단** A겉4, B겉3, (안4, 겉4)×13, 안4, A겉4

★ **96단** A겉4, (B겉4, 안4)×13, 겉4, 안3, A겉4

★ **97단** A겉4, B안1, (겉4, 안4)×13, 겉4, 안2, A겉4

★ **98단** A겉4, B겉2, (안4, 겉4)×13, 안4, 겉1, A겉4

★ **99단** A겉4, B겉111, A겉4

★ **100단** A겉4, C겉111, A겉4

★ **101단** A겉4, (C안1, 겉1)×55, 안1, A겉4

★ **102단** A겉4, (C안1, 겉1)×55, 안1, A왼모, 바비(단춧구멍), 겉2

★ **103~104단** A겉4, (C안1, 겉1)×55, 안1, A겉4

★ **105단** A겉4, C겉111, A겉4

★ **106단** A겉4, D겉111, A겉4

★ **107단** A겉4, (D겉2, 안1)×37, A겉4

★ **108단** A겉4, D겉111, A겉4

★ **109~110단** 107~108단 1번 반복

★ **111단** A겉4, D겉111, A겉4

★ **112단** A겉4, E겉111, A겉4

★ **113단** A겉4, E겉1, (안2, 겉2)×27, 안2, A겉4

★ **114단** A겉4, (E겉2, 안2)×27, 겉2, 안1, A겉4

★ **115단** A겉4, E안1, (겉2,안2)×27, A겉4

★ **116단** A겉4, (E안2, 겉2)×27, 안2, 겉1, A겉4

★ **117단** A겉4, E겉111, A겉4

★ **118단** A겉119

★ **119단** A겉4, (겉2, 안1)×37, 겉4

★ **120단** A겉4, (겉1, 안2)×37, 겉4

★ **121~122단** 119~120단 1번 반복

안뜨기로 뜨면서 코막음 합니다.

(소매)

22단에서 버림실에 걸어두었던 21코를 장갑바늘 2개에 옮긴 후 감아코 9코 만들었던 자리에서 9코를 주워 원형뜨기 합니다. 양쪽 소매를 같은 방법으로 뜹니다.

★ **1단** E색상으로 감아코에서 9코 줍기, 겉21 **30**

★ **2~3단** (E겉2, 안2)×7, 겉2

★ **4~5단** (E안2, 겉2)×7, 안2

★ **6단** E안30

★ **7단** A겉30

★ **8~11단** (A겉1, 안2)×10

★ **12단** A안30

★ **13단** B겉30

★ **14~15단** (B겉4, 안4)×3, 겉4, 안2

★ **16~17단** B겉2, (안4, 겉4)×3, 안4

★ **18단** B안30

★ **19단** C겉30

★ **20단** (C겉1, 안1)×15

★ **21단** (C안1, 겉1)×15

★ **22~23단** 20~21단 1번 반복

★ **24단** C안30

★ **25단** D겉30

★ **26단** (D겉1, 안1)×15

★ **27단** D겉30

★ **28~29단** 26~27단 1번 반복

★ **30단** D안30

★ **31단** E겉30

★ **32~33단** (E겉2, 안2)×7, 겉2

★ **34~35단** (E안2, 겉2)×7, 안2

★ **36단** E안30

★ **37단** A겉30

★ **38~42단** (A겉1, 안2)×10

겉뜨기로 뜨면서 코막음 합니다.

마무리

❶ 실꼬리는 정리하고 살짝 스팀다림을 합니다.
❷ 단춧구멍 위치에 맞춰서 단추를 달아 줍니다.

하트 무늬 꽈배기 망토

난이도 ★★★☆☆

디자인 자체만으로도 사랑스러운 망토인데, 하트 꽈배기 무늬를 넣어 아기자기 너무 예쁘지요? A라인으로 퍼지게 만들어 품이 여유 있어서, 옷을 입힐 때는 위에서 씌우듯이 입히고 손만 끼워주면 됩니다. 넓은 터틀넥 디테일로 여성스러움을 강조했습니다. 하의는 타이트한 데님이나 니트 바지를 입혀주고, 비니나 귀마개 같은 코디를 더 해주면 완벽하겠죠!

사이즈
- ★ 총 길이 17.5㎝
- ★ 목둘레 20㎝

게이지
- ★ 교차뜨기 무늬 5.2코×5.8단(1㎝×1㎝)

준비물
- ★ 실 램스울 2합 연분홍색 20g
- ★ 바늘 2㎜ 줄바늘

How to Make

❶ 아래에서 위로 떠서 올라가는 바텀업(bottom up) 방식입니다.
❷ 평면으로 뜬 후 손목 부분에 코를 잡아 고무뜨기로 평면뜨기 합니다.
❸ 망토 뒷중심은 터틀넥 부분만 제외하고 돗바늘로 메리야스잇기를 합니다.
❹ 손목 고무단 부분 옆선은 돗바늘로 메리야스잇기를 합니다.

나의 소중한 파올라 레이나를 위하여

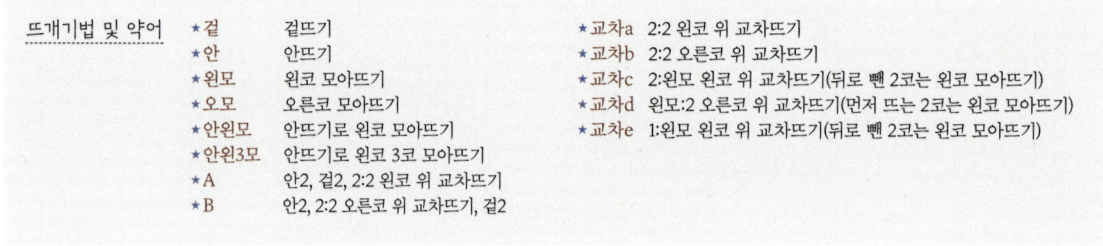

2mm 줄바늘과 연분홍색 실로 198코를 만들어 시작합니다. 양쪽 1코는 시접코 입니다.
서술 도안 중간에 파란색 진한 글자는 망토의 앞 중심 부분입니다.

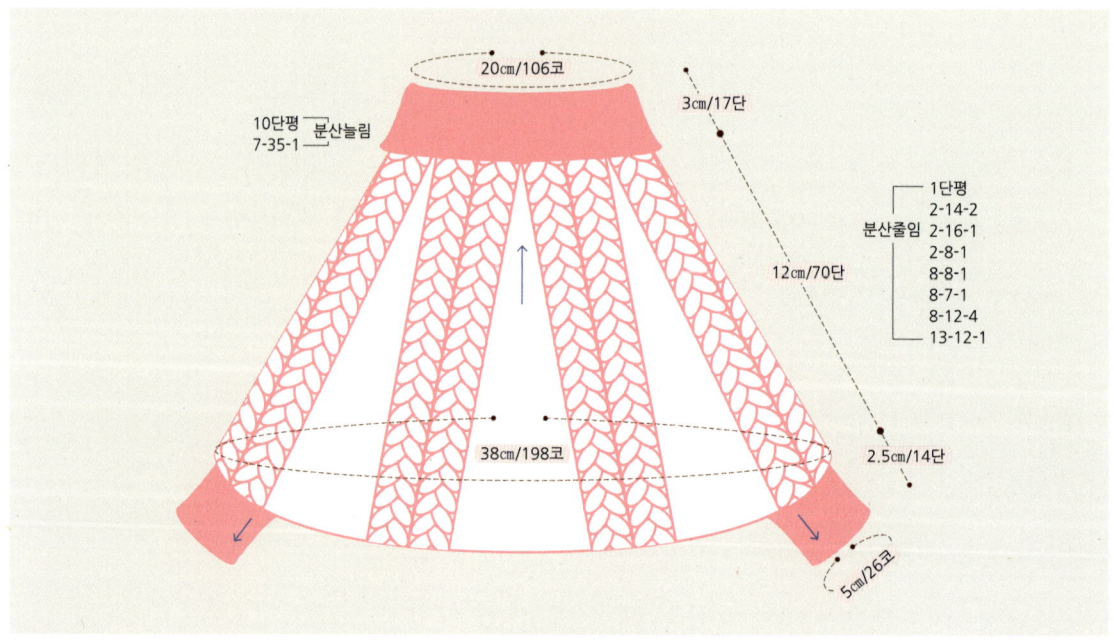

◇ ◇ ◇

★ **1~4단** 겉198×4단(가터뜨기)

A : 안2, 겉2, 2:2 왼코 위 교차뜨기
B : 안2, 2:2 오른코 위 교차뜨기, 겉2

차트 참고 (5~54단)

★ **5단** 겉7, A×2, 안2, 겉12, A×3, 안2, 겉12, A×2, 안2, **겉12**, A×2, 안2, 겉12, A×3, 안2, 겉12, A×2, 안2, 겉7

★ **6단** 안7, (겉2, 안6)×2, 겉2, 안12, (겉2, 안6)×3, 겉2, 안12, (겉2, 안6)×2, 겉2, **안12**, (겉2, 안6)×2, 겉2, 안12, (겉2, 안6)×3, 겉2, 안12, (겉2, 안6)×2, 겉2, 안7

★ **7단** 겉7, B×2, 안2, 겉12, B×3, 안2, 겉12, B×2, 안2, **겉12**, B×2, 안2, 겉12, B×3, 안2, 겉12, B×2, 안2, 겉7

★ **8단** 6단과 동일

★ **9~12단** 5~8단 1번 반복

★ **13단** 겉5, 왼모, A×2, 안2, 오모, 겉8, 왼모, A×3, 안2, 오모, 겉8, 왼모, A×2, 안2, 오모, **겉8**, 왼모, A×2, 안2, 오모, 겉8, 왼모, A×3, 안2, 오모, 겉8, 왼모, A×2, 안2, 오모, 겉5 186

★ **14단** 안6, (겉2, 안6)×2, 겉2, 안10, (겉2, 안6)×3, 겉2, 안10, (겉2, 안6)×2, 겉2, **안10**, (겉2, 안6)×2, 겉2, 안10, (겉2, 안6)×3, 겉2, 안10, (겉2, 안6)×2, 겉2, 안6

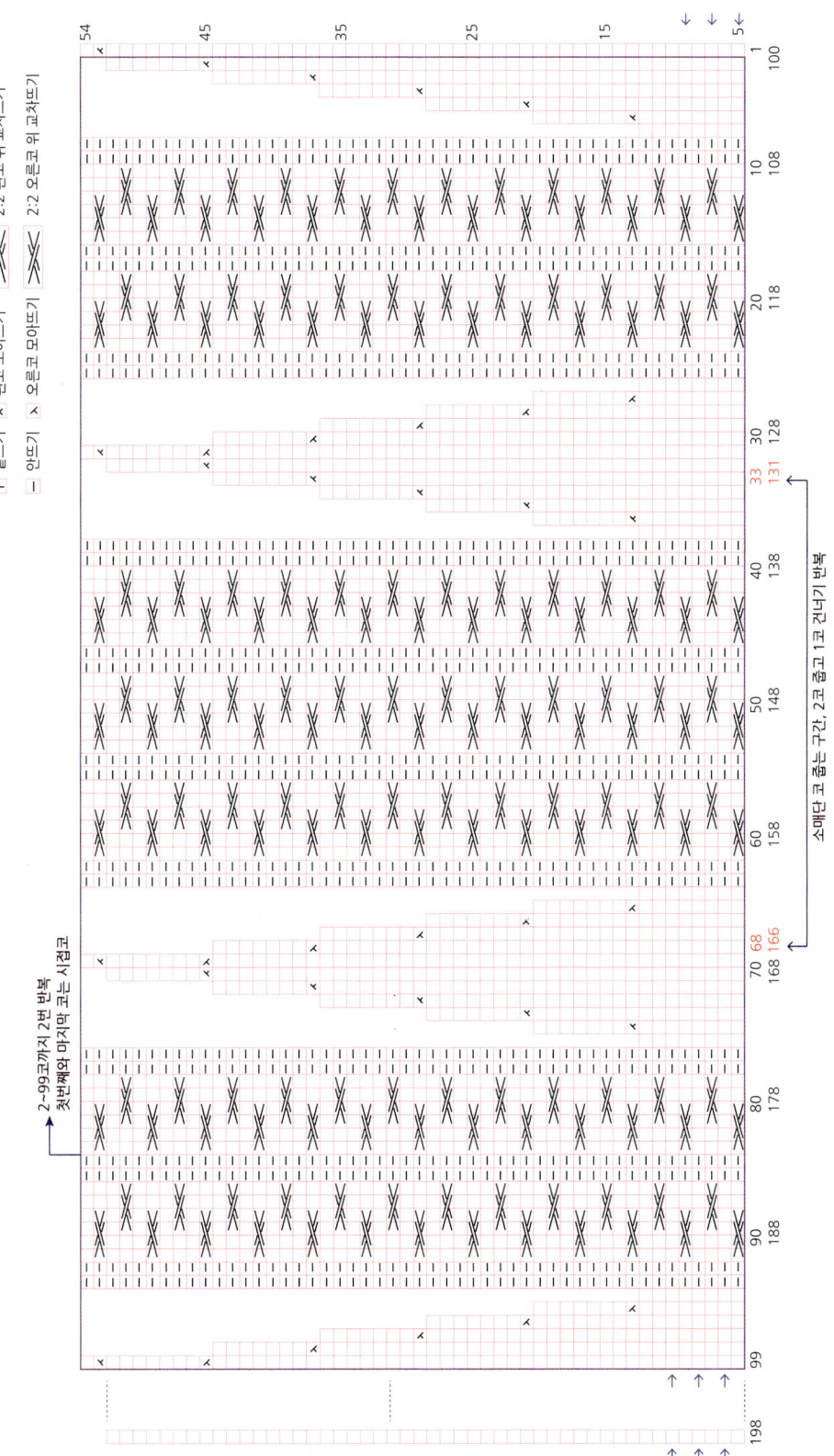

★15단 겉6, B×2, 안2, 겉10, B×3, 안2, 겉10, B×2, 안2, 겉10, B×2, 안2, 겉10, B×3, 안2, 겉10, B×2, 안2, 겉6

★16단 14단과 동일

★17단 겉6, A×2, 안2, 겉10, A×3, 안2, 겉10, A×2, 안2, 겉10, A×2, 안2, 겉10, A×3, 안2, 겉10, A×2, 안2, 겉6

★18~20단 14~16단 1번 반복

★21단 겉, 왼모, A×2, 안2, 오모, 겉6, 왼모, A×3, 안2, 오모, 겉6, 왼모, A×2, 안2, 오모, 겉6, 왼모, A×2, 안2, 오모, 겉6, 왼모, A×3, 안2, 오모, 겉6, 왼모, A×2, 안2, 오모, 겉4 174

★22단 안5, (겉2, 안6)×2, 겉2, 안8, (겉2, 안6)×3, 겉2, 안8, (겉2, 안6)×2, 겉2, 안8, (겉2, 안6)×2, 겉2, 안8, (겉2, 안6)×3, 겉2, 안8, (겉2, 안6)×2, 겉2, 안5

★23단 겉5, B×2, 안2, 겉8, B×3, 안2, 겉8, B×2, 안2, 겉8, B×2, 안2, 겉8, B×3, 안2, 겉8, B×2, 안2, 겉5

★24단 22단과 동일

★25단 겉5, A×2, 안2, 겉8, A×3, 안2, 겉8, A×2, 안2, 겉8, A×2, 안2, 겉8, A×3, 안2, 겉8, A×2, 안2, 겉5

★26~28단 22~24단 1번 반복

★29단 겉3, 왼모, A×2, 안2, 오모, 겉4, 왼모, A×3, 안2, 오모, 겉4, 왼모, A×2, 안2, 오모, 겉4, 왼모, A×2, 안2, 오모, 겉4, 왼모, A×3, 안2, 오모, 겉4, 왼모, A×2, 안2, 오모, 겉3 162

★30단 안4, (겉2, 안6)×2, 겉2, 안6, (겉2, 안6)×3, 겉2, 안6, (겉2, 안6)×2, 겉2, 안6, (겉2, 안6)×2, 겉2, 안6, (겉2, 안6)×3, 겉2, 안6, (겉2, 안6)×2, 겉2, 안4

★31단 겉4, B×2, 안2, 겉6, B×3, 안2, 겉6, B×2, 안2, 겉6, B×2, 안2, 겉6, B×3, 안2, 겉6, B×2, 안2, 겉4

★32단 30단과 동일

★33단 겉4, A×2, 안2, 겉6, A×3, 안2, 겉6, A×2, 안2, 겉6, A×2, 안2, 겉6, A×3, 안2, 겉6, A×2, 안2, 겉4

★34~36단 30~32단 1번 반복

★37단 겉2, 왼모, A×2, 안2, 오모, 겉2, 왼모, A×3, 안2, 오모, 겉2, 왼모, A×2, 안2, 오모, 겉2, 왼모, A×2, 안2, 오모, 겉2, 왼모, A×3, 안2, 오모, 겉2, 왼모, A×2, 안2, 오모, 겉2 150

★38단 안3, (겉2, 안6)×2, 겉2, 안4, (겉2, 안6)×3, 겉2, 안4, (겉2, 안6)×2, 겉2, 안4, (겉2, 안6)×2, 겉2, 안4, (겉2, 안6)×3, 겉2, 안4, (겉2, 안6)×2, 겉2, 안3

★39단 겉3, B×2, 안2, 겉4, B×3, 안2, 겉4, B×2, 안2, 겉4, B×2, 안2, 겉4, B×3, 안2, 겉4, B×2, 안2, 겉3

★40단 38단과 동일

★41단 겉3, A×2, 안2, 겉4, A×3, 안2, 겉4, A×2, 안2, 겉4, A×2, 안2, 겉4, A×3, 안2, 겉4, A×2, 안2, 겉3

★42~44단 38~40단 1번 반복

★45단 겉1, 왼모, A×2, 안2, 오모, 왼모, A×3, 안2, 오모, 왼모, A×2, 안2, 오모, 왼모, A×2, 안2, 오모, 왼모, A×3, 안2, 오모, 왼모, A×2, 안2, 오모, 겉1 138

★46단 안2, (겉2, 안6)×2, 겉2, 안2, (겉2, 안6)×3, 겉2, 안2, (겉2, 안6)×2, 겉2, 안2, (겉2, 안6)×2, 겉2, 안2, (겉2, 안6)×3, 겉2, 안2, (겉2, 안6)×2, 겉2, 안2

★47단 겉2, B×2, 안2, 겉2, B×3, 안2, 겉2, B×2, 안2, 겉2, B×2, 안2, 겉2, B×3, 안2, 겉2, B×2, 안2, 겉2

★48단 46단과 동일

★49단 겉2, A×2, 안2, 겉2, A×3, 안2, 겉2, A×2, 안2, 겉2, A×2, 안2, 겉2, A×3, 안2, 겉2, A×2, 안2, 겉2

★50~52단 46~48단 1번 반복

★53단 왼모, A×2, 안2, 왼모, A×3, 안2, 왼모, A×2, 안2, 왼모, A×2, 안2, 왼모, A×3, 안2, 왼모, A×2, 안2, 왼모 131

★54단 안1, (겉2, 안6)×2, 겉2, 안1, (겉2, 안6)×3, 겉2, 안1, (겉2, 안6)×2, 겉2, 안1, (겉2, 안6)×2, 겉2, 안1, (겉2, 안6)×3, 겉2, 안1, (겉2, 안6)×2, 겉2, 안1

차트 참고 (55~70단)

★55단 겉1, B×2, 안2, 겉1, B×3, 안2, 겉1, B×2, 안2, 겉1, B×2, 안2, 겉1, B×3, 안2, 겉1, B×2, 안2, 겉1

★56단 54단과 동일

★57단 겉1, A×2, 안2, 겉1, A×3, 안2, 겉1, A×2, 안2, 겉1, A×2, 안2, 겉1, A×3, 안2, 겉1, A×2, 안2, 겉1

★58~60단 54~56단 1번 반복

교차a : 2:2 왼코 위 교차뜨기
교차b : 2:2 오른코 위 교차뜨기

★61단 겉1, A×2, 안1, 안왼3모, 안1, 겉2, 교차a, A×2, 안1, 안왼3모, 안1, 겉2, 교차a, A, 안2, 겉1, A×2, 안1, 안왼3모, 안1, 겉2, 교차a, A×2, 안1, 안왼3모, 안1, 겉2, 교차a, A, 안2, 겉1 123

★62단 안1, (겉2, 안6)×2, 겉3, (안6, 겉2)×2, 안6, 겉3, (안6, 겉2)×2, 안1, (겉2, 안6)×2, 겉3, (안6, 겉2)×2, 안6, 겉3, (안6, 겉2)×2, 안1

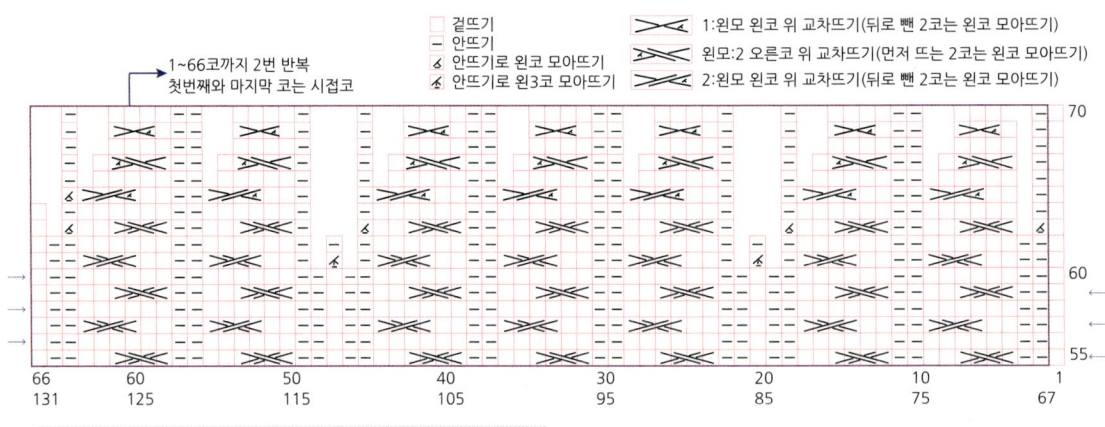

→ 이 방향으로 뜨는 단은 보이는 기호의 반대로 뜹니다.
예) 뒷면에서 뜨기 때문에 겉뜨기는 안뜨기로, 안뜨기는 겉뜨기로 뜹니다.

★**63단** 겉1, 안왼모, 교차b, 겉2, B, 안왼모, 안1, 교차b, 겉2, B×2, 안왼모, 안1, 교차b, 겉2, B, 안왼모, 겉1, 안왼모, 교차b, 겉2, B, 안왼모, 안1, 교차b, 겉2, B×2, 안왼모, 안1, 교차b, 겉2, B, 안왼모, 겉1 115

★**64단** 안1, 겉1, (안6, 겉2)×6, 안6, 겉1, 안1, 겉1, (안6, 겉2)×6, 안6, 겉1, 안1

교차c : 2:왼모 왼코 위 교차뜨기(뒤로 뺀 2코는 왼코 모아뜨기)
교차d : 왼모:2 오른코 위 교차뜨기(먼저 뜨는 2코는 왼코 모아뜨기)
교차e : 1:왼모 왼코 위 교차뜨기(뒤로 뺀 2코는 왼코 모아뜨기)

★**65단** 겉1, 안, 겉2, 교차c, (안2, 교차c)×6, 안왼모, 안1, 겉2, 교차c, (안2, 교차c)×6, 안왼모 99

★**66단** 겉1, (안5, 겉2)×13, 안5, 겉1, 안1

★**67단** 겉1, 안1, 교차d, 겉1, (안2, 교차d, 겉1)×13, 안1 85

★**68단** 겉1, (안4, 겉2)×13, 안4, 겉1, 안1

★**69단** 겉1, 안1, 겉1, 교차e, (안2, 교차e)×13, 안1 71

★**70단** 겉1, (안3, 겉2)×13, 안3, 겉1, 안1

★**71단** (겉1, 안1)×35, 겉1

★**72단** (안1, 겉1)×35, 안1

★**73~76단** 71~72단 2번 반복

★**77단** (겉1, 안1, 안왼늘)×35, 겉1 106

★**78단** 안1, (겉2, 안1)×35

★**79단** (겉1, 안2)×35, 겉1

★**80~87단** 78~79단 4번 반복

느슨하게 겉뜨기로 뜨면서 코막음 합니다.

(**소맷단**)

2mm 줄바늘로 교차뜨기무늬 3줄이 중심에 오도록 26코를 주워 평면뜨기 합니다. 차트의 소매코 줍는 자리를 참고해주세요.
33~168번째 코와 131~166번째 코 사이에서 코를 줍는데 코마다 1코씩 연달아 2번 줍고, 1코는 건너가는 방식으로 코를 주워 한쪽 소매에 26코를 만듭니다.

★**1~14단** (겉1, 안1)×13 26

겉뜨기는 겉뜨기로, 안뜨기는 안뜨기 뜨면서 코막음 합니다.
다른 쪽도 같은 방법으로 소맷단을 뜹니다.

마무리

❶ 옆선 연결 전에 실꼬리를 정리하고 안쪽면에서 스팀다림 합니다.
❷ 망토 뒷중심을 터틀넥 부분만 제외하고 돗바늘로 메리야스잇기 합니다.
❸ 소맷단 옆선도 돗바늘로 메리야스잇기 합니다.

사각사각 원피스

난이도 ★★★★☆

귀여운 인형도 이 원피스를 입으면 세련됨과 모던함이 돋보이는 시크한 민소매 원피스입니다. 가로와 세로 줄에 규칙적으로 배색을 주어 사각형 모양이 멋스러운 디자인입니다. 단춧단이 뒤로 가면 하이넥 원피스로, 단춧단이 앞으로 오면 긴 조끼로도 연출할 수 있답니다. 안쪽 무늬도 예뻐서 뒤집어 입어도 되는 원피스이니 양면으로 꼭 활용해주세요.

사이즈
- ★ **총 길이** 16cm
- ★ **가슴둘레** 14.5cm

게이지
- ★ 사각 배색 무늬 5코×5.2단(1cm×1cm)

준비물
- ★ **실** 라쿤 실 2합 - 차콜색 약 10g, 베이지색 약 10g
- ★ **바늘** 2mm 줄바늘
- ★ **부재료** 스냅단추 6개

How to Make

❶ 아래에서 위로 떠서 올라가는 바텀업(bottom up) 방식입니다.
❷ 어깨선은 앞, 뒤판의 겉면끼리 마주대고 덮어씌워잇기로 연결합니다.
❸ 2가지 색상으로 전체 배색입니다.
❹ 왼쪽 뒤판을 뜬 뒤 여유실을 넉넉히 남겨놓고 칼라 뜰 때 사용합니다.

★ 배색으로 건너가는 실이 당겨지지 않도록 주의하며 뜹니다. 게이지가 맞지 않을 경우 바늘 굵기를 바꿔 작업합니다.

뜨개기법 및 약어

- ★ 겉 겉뜨기
- ★ 안 안뜨기
- ★ 바비 바늘 비우기
- ★ 감 감아코
- ★ 원모 왼코 모아뜨기
- ★ 오모 오른코 모아뜨기
- ★ 안오모 안뜨기로 오른코 모아뜨기
- ★ 차 차콜색 실
- ★ 베 베이지색 실

2mm 줄바늘과 차콜색 실로 135코를 만들어 시작합니다. 양쪽 4코는 단춧단이며 차콜색으로 가터뜨기 합니다. 차(차콜색), 베(베이지색)으로 색상이 명시될 때 실을 바꿔줍니다.

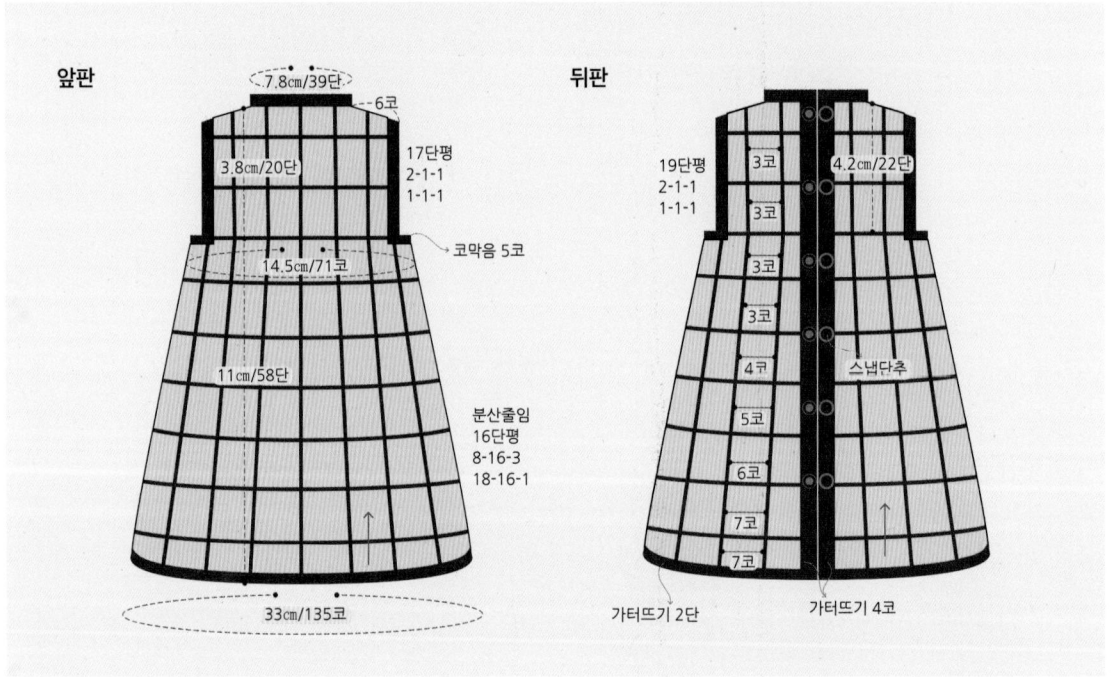

- ★ 1~2단 겉135코×2단(가터뜨기)
- ★ 3단 차겉4, (베겉7, 차겉1)×15, 베겉7, 차겉4
- ★ 4단 차겉4, (베안7, 차안1)×15, 베안7, 차겉4
- ★ 5~8단 3~4단 2번 반복
- ★ 9단 차겉135
- ★ 10단 차겉4, 안127, 겉4
- ★ 11~16단 3~4단 3번 반복
- ★ 17단 차겉135
- ★ 18단 차겉4, 안2, (안오모, 안6)×15, 안오모, 안3, 겉4 119

- ★ 19단 차겉4, (베겉6, 차겉1)×15, 베겉6, 차겉4
- ★ 20단 차겉4, (베안6, 차안1)×15, 베안6, 차겉4
- ★ 21~24단 19~20단 2번 반복
- ★ 25단 차겉119
- ★ 26단 차겉4, 안2, (안오모, 안5)×15, 안오모, 안2, 겉4 103
- ★ 27단 차겉4, (베겉5, 차겉1)×15, 베겉5, 차겉4
- ★ 28단 차겉4, (베안5, 차안1)×15, 베안5, 차겉4
- ★ 29~32단 27~28단 2번 반복
- ★ 33단 차겉103

사각사각 원피스

* **34단** 차겉4, 안2, (안오모, 안4)×15, 안오모, 안1, 겉4 87
* **35단** 차겉4, (베겉3, 차겉1)×15, 베겉4, 차겉4
* **36단** 차겉4, (베안4, 차안1)×15, 베안4, 차겉4
* **37~40단** 35~36단 2번 반복
* **41단** 차겉87
* **42단** 차겉4, 안1, (안오모, 안3)×15, 안오모, 안1, 겉4 71
* **43단** 차겉4, (베겉3, 차겉1)×15, 베겉3, 차겉4
* **44단** 차겉4, (베안3, 차안1)×15, 베안3, 차겉4
* **45~48** 43~44단 2번 반복
* **49단** 차겉71
* **50단** 차겉4, 안63, 겉4
* **51~58단** 43~50단 1번 반복

(왼쪽 뒤판)

진동 시작 부분으로 앞판, 뒤판 나눠서 뜹니다.
71코 중 17코로 작업합니다. 54코는 쉼코로 둡니다.

* **59단** 차겉4, (베겉3, 차겉1)×2, 베겉1, 오모, 차안2 16
* **60단** 차안2, 베안2, (차안1, 베안3)×2, 차겉4
* **61단** 자겉4, (베겉3, 자겉1)×2, 베오모, 차안2 15
* **62단** 차안2, 베안1, (차안1, 베안3)×2, 차겉4
* **63단** 차겉4, (베겉3, 차겉1)×2, 베겉1, 차안2
* **64단** 차안2, 베안1, (차안1, 베안3)×2, 차겉4
* **65단** 차겉13, 안2
* **66단** 차안11, 겉4
* **67~72단** 63~64단 3번 반복
* **73단** 차겉13, 안2
* **74단** 차안11, 겉4
* **75~80단** 63~64단 3번 반복

15코는 쉼코로 둡니다. 차콜색 실과 베이지색 실을 소량 남기고 자릅니다.(칼라뜨기 4단 분량)

(앞판)

54코 중 32코로 작업하고, 22코는 쉼코로 둡니다.

* **59단** 차안뜨기로 5코 막음, 차안1, 베왼모, 겉1, (차겉1, 베겉3)×4, 차겉1, 베겉1, 오모, 차안2 25
* **60단** 차안2, 베안2, (차안1, 베안3)×4, 차안1, 베안2, 차안2
* **61단** 차안2, 베왼모, (차겉1, 베겉3)×4, 차겉1, 베오모, 차안2 23
* **62단** 차안2, 베안1, (차안1, 베안3)×4, 차안1, 베안1, 차안2
* **63단** 차안2, 베겉1, (차겉1, 베겉3)×4, 차겉1, 베겉1, 차안2
* **64단** 차안2, 베안1, (차안1, 베안3)×4, 차안1, 베안1, 차안2
* **65단** 차안2, 겉19, 안2
* **66단** 차안23
* **67~72단** 63~64단 3번 반복
* **73단** 차안2, 겉19, 안2
* **74단** 차안23
* **75~78단** 63~64단 2번 반복

뒤판보다 2단 작게 뜹니다. 23코는 쉼코로 둡니다.

(오른쪽 뒤판)

쉼코로 남아있는 22코로 작업합니다.

* **59단** 차안뜨기로 5코 막음, 안1, 베왼모, 겉1, (차겉1, 베겉3)×2, 차겉4 16
* **60단** 차겉4, (베안3, 차안1)×2, 베안2, 차안2
* **61단** 차안2, 베왼모, (차겉1, 베겉3)×2, 차겉4 15
* **62단** 차겉4, (베안3, 차안1)×2, 베안1, 차안2
* **63단** 차안2, 베겉1, (차겉1, 베겉3)×2, 차겉4
* **64단** 차겉4, (베안3, 차안1)×2, 베안1, 차안2
* **65단** 차안2, 겉13
* **66단** 차겉4, 안11
* **67~72단** 63~64단 3번 반복
* **73단** 차안2, 겉13

★ **74단** 차겉4, 안11

★ **75~80단** 63~64단 3번 반복

15코는 쉼코로 둡니다.

〈 어깨 연결하기 〉

쉼코로 둔 앞판과 뒤판의 겉면을 맞대고 앞, 뒤 2코씩 겉뜨기로 뜨면서 어깨코 6코를 덮어씌어잇기로 연결합니다. 다른 한쪽도 같은 방법으로 연결합니다.

〈 칼라 뜨기 〉

왼쪽 뒤판 끝나고 남겨둔 실로 시작합니다.
(목둘레 코줍기 그림 도안과 영상 참고)

★ **1단** ① 왼쪽 뒤판 쉼코로 차겉4, 베겉3, 차겉1, 베겉1
② 왼쪽 어깨 연결 부분에서 베겉2, 차겉1, 베겉2 줍기
③ 앞판 쉼코로 베겉1, (차겉1 베겉3)×2, 차겉1, 베겉1
④ 오른쪽 어깨 연결 부분에서 베겉2, 차겉1, 베겉2 줍기
⑤ 오른쪽 뒤판 쉼코로 베겉1, 차겉1, 베겉3, 차겉4 39

★ **2단** 차겉4, (베안3, 차안1)×7, 베안3, 차겉4

★ **3단** 차겉39

★ **4단** 차겉39

겉뜨기 뜨면서 코막음 합니다.

목둘레 코줍기 - 칼라뜨기 1단

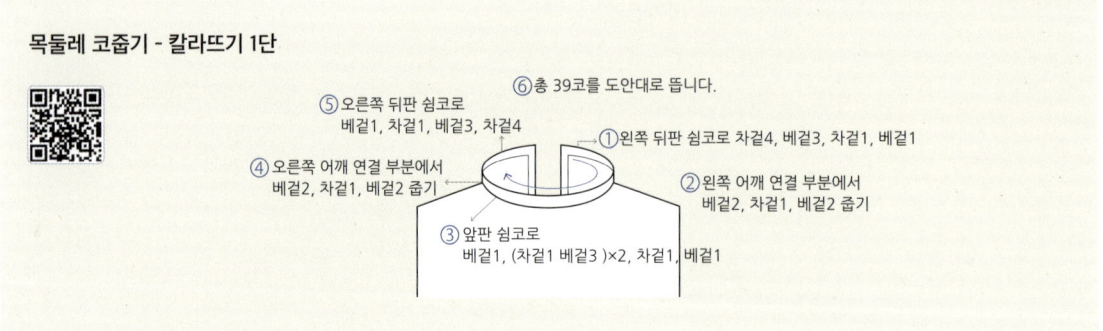

〈 마무리 〉

① 실꼬리를 정리하고 원피스 안쪽면을 스팀다림 합니다.
② 뒷단 적당한 위치에 스냅단추 6개를 달아 줍니다.

동물 친구 래글런 풀오버

난이도 ★★☆☆☆

가장 기본이 되는 래글런 소매 풀오버에 색상 변화를 주고, 동물 캐릭터로 귀엽게 꾸며본 디자인입니다. 동물의 얼굴 특징을 살려서 눈이나 귀를 입체적으로 꾸미고 코와 입은 수를 놓았답니다. 아이들이 좋아하는 동물 캐릭터로 응용해 아동복으로 만들어도 좋을 것 같아요.

사이즈
- ★ 총 길이 9.5㎝
- ★ 가슴둘레 19㎝
- ★ 소매길이 9.5㎝

게이지
- ★ 메리야스뜨기 4코×6단(1㎝×1㎝)

준비물
- ★ 실
  - 램스울 2합: 청개구리 - 흰색 5g, 초록색 5g, 검정색 약간
    쥐돌이 - 연분홍색·검정색·주황색 약간씩
    토순이 - 진분홍색·검정색 약간씩
  - 앙고라 2합: 쥐돌이 - 흰색 5g, 회색 5g,
    토순이 - 흰색 5g, 연분홍색 5g,
- ★ 바늘 2㎜ 줄바늘과 장갑바늘, 레이스 2호 코바늘
- ★ 부재료 풀오버: 7㎜ 원형단추 4개
  청개구리 눈: 7㎜ 원형단추 흰색 2개

How to Make

1. 위에서 아래로 떠서 내려가는 톱다운(top down) 방식으로 뜹니다.
2. 소매 분리 전까지 늘림 부분을 정확히 떠야 래글런 소매 무늬가 예쁘게 나옵니다.
3. 동물 캐릭터에 맞는 색상으로 배색을 합니다.
4. 귀, 눈, 코, 입을 따로 표현해서 쉽게 꾸민 풀오버입니다.

* 청개구리는 눈을, 쥐돌이와 토순이는 귀를 간단하게 따로 떠서 적당한 위치에 붙여주어 입체적으로 재미있게 표현합니다.

뜨개기법 및 약어

대바늘
- ★ 걸   걸뜨기
- ★ 안   안뜨기
- ★ 바비   바늘 비우기
- ★ 감   감아코
- ★ 왼늘   왼코 늘리기
- ★ 오늘   오른코 늘리기
- ★ 왼모   왼코 모아뜨기

코바늘
- ★ 짧   짧은뜨기
- ★ 한코에짧2   한코에 짧은뜨기 2코
- ★ 한코에짧3   한코에 짧은뜨기 3코

(풀오버)

2mm 줄바늘과 캐릭터 색상 실로 53코를 만들어 시작합니다.
양쪽 4코는 단춧단이며 가터뜨기 입니다.
청개구리는 초록색, 쥐돌이는 회색, 토순이는 연분홍색입니다.

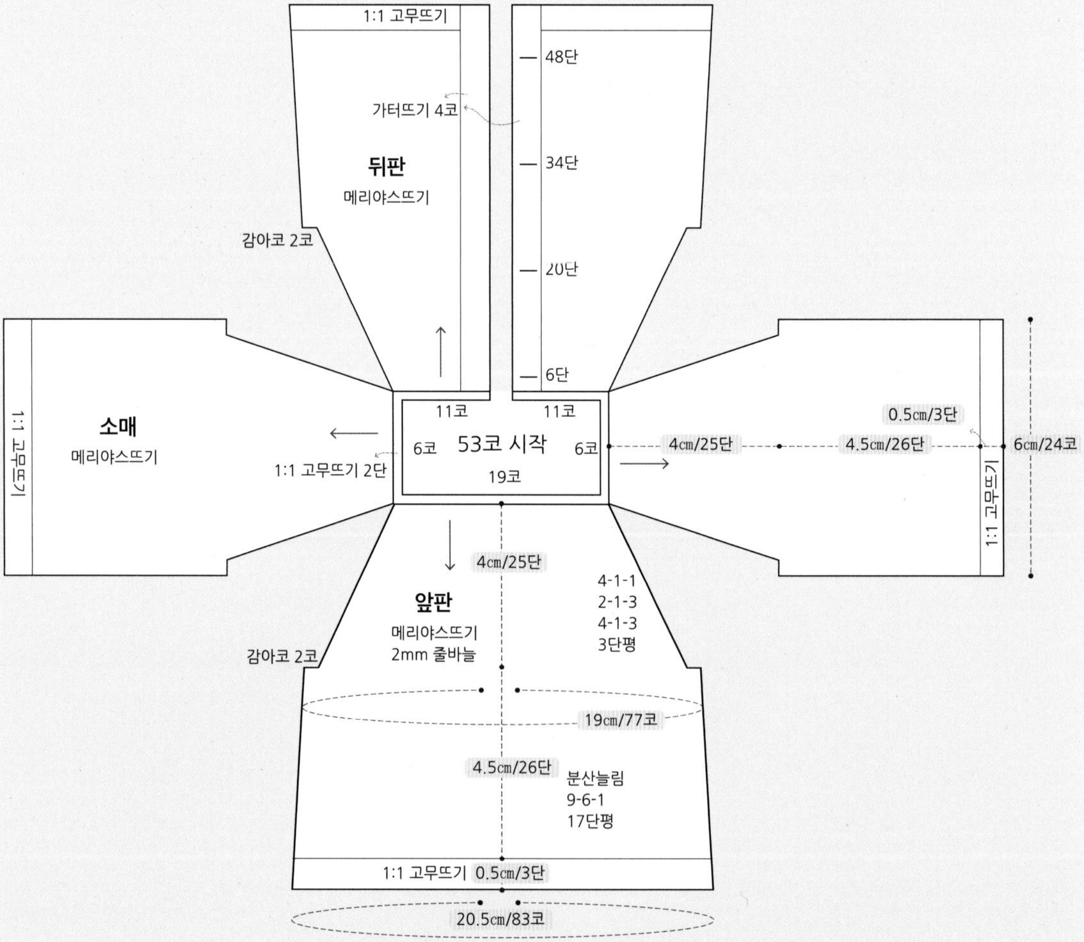

뒤판 메리야스뜨기
1:1 고무뜨기
가터뜨기 4코
48단 / 34단 / 20단 / 6단
감아코 2코

소매 메리야스뜨기
1:1 고무뜨기
1:1 고무뜨기 2단

11코 / 11코
6코 53코 시작 6코
19코

4cm/25단
4.5cm/26단
0.5cm/3단
6cm/24코
1:1 고무뜨기

앞판 메리야스뜨기 2mm 줄바늘
감아코 2코

4cm/25단
4-1-1
2-1-3
4-1-3
3단평

19cm/77코
4.5cm/26단
분산늘림
9-6-1
17단평

1:1 고무뜨기 0.5cm/3단
20.5cm/83코

동물 친구 래글런 풀오버

- ★1단 겉4, (안1, 겉1)×22, 안1, 겉4 53
- ★2단 겉4, (겉1, 안1)×22, 겉1, 겉4
- ★3단 겉53
- ★4단 흰색으로 바꿔서 겉53
- ★5단 겉4, 안45, 겉4
- ★6단 겉4, 겉6, 오늘, 겉2, 왼늘, 겉4, 오늘, 겉2, 왼늘, 겉17, 오늘, 겉2, 왼늘, 겉4, 오늘, 겉2, 왼늘, 겉6, 겉1, 바비(단춧구멍), 왼모, 겉1 61
- ★7단 겉4, 안53, 겉4
- ★8단 겉4, 겉7, 오늘, 겉2, 왼늘, 겉6, 오늘, 겉2, 왼늘, 겉19, 오늘, 겉2, 왼늘, 겉6, 오늘, 겉2, 왼늘, 겉7, 겉4 69
- ★9단 겉4, 안61, 겉4
- ★10단 겉4, 겉8, 오늘, 겉2, 왼늘, 겉8, 오늘, 겉2, 왼늘, 겉21, 오늘, 겉2, 왼늘, 겉8, 오늘, 겉2, 왼늘, 겉8, 겉4 77
- ★11단 겉4, 안69, 겉4
- ★12단 겉4, 겉9, 오늘, 겉2, 왼늘, 겉10, 오늘, 겉2, 왼늘, 겉23, 오늘, 겉2, 왼늘, 겉10, 오늘, 겉2, 왼늘, 겉9, 겉4 85
- ★13단 겉4, 안77, 겉4
- ★14단 겉85
- ★15단 겉4, 안77, 겉4
- ★16단 겉4, 겉10, 오늘, 겉2, 왼늘, 겉12, 오늘, 겉2, 왼늘, 겉25, 오늘, 겉2, 왼늘, 겉12, 오늘, 겉2, 왼늘, 겉10, 겉4 93
- ★17단 겉4, 안85, 겉4
- ★18단 겉93
- ★19단 겉4, 안85, 겉4
- ★20단 겉4, 겉11, 오늘, 겉2, 왼늘, 겉14, 오늘, 겉2, 왼늘, 겉27, 오늘, 겉2, 왼늘, 겉14, 오늘, 겉2, 왼늘, 겉11, 겉1, 바비(단춧구멍), 왼모, 겉1 101
- ★21단 겉4, 안93, 겉4
- ★22단 겉101
- ★23단 겉4, 안93, 겉4
- ★24단 겉4, 겉12, 오늘, 겉2, 왼늘, 겉16, 오늘, 겉2, 왼늘, 겉29, 오늘, 겉2, 왼늘, 겉16, 오늘, 겉2, 왼늘, 겉12, 겉4 109
- ★25단 겉4, 안101, 겉4
- ★26단 겉109
- ★27단 겉4, 안101, 겉4

〈 소매 분리 〉

동물 캐릭터에 맞는 색상 실로 시작합니다. (청개구리는 초록, 쥐돌이는 회색, 토순이는 흰색)

- ★28단 겉18, 버림실에 20코 걸어두기, 감4, 겉33, 버림실에 20코 걸어두기, 감4, 겉18 77
- ★29단 겉4, 안69, 겉4
- ★30단 겉77
- ★31단 겉4, 안69, 겉4
- ★32~33단 30~31단 반복
- ★34단 겉74, 바비(단춧구멍), 왼모, 겉1
- ★35단 겉4, 안69, 겉4
- ★36단 (겉11, 오늘)×6, 겉11 83
- ★37단 겉4, 안75, 겉4
- ★38단 겉83(토순이는 연분홍)
- ★39단 겉4, 안75, 겉4
- ★40~47단 38~39단 4번 반복
- ★48단 겉80, 바비(단춧구멍), 왼모, 겉1
- ★49단 겉4, 안75, 겉4
- ★50단 겉83
- ★51~52단 49~50단 1번 반복
- ★53단 겉83
- ★54단 겉4, (겉1, 안1)×37, 겉1, 겉4
- ★55단 겉4, (안1, 겉1)×37, 안1, 겉4
- ★56단 겉4, (겉1, 안1)×37, 겉1, 겉4

겉뜨기로 뜨면서 코막음 합니다.

(소매 뜨기)

28단에서 버림실에 걸어 두었던 20코를 장갑바늘 2개에 옮긴 후 감아코 4코 만들었던 자리에서 흰색 실로 4코를 주워 원형뜨기 합니다. 양쪽 소매를 같은 방법으로 뜹니다.

★ **1단** 감아코에서 4코 줍기, 겉20 24

★ **2~24단** 겉24×23단

★ **25단** 각 캐릭터 색상으로 바꿔서 겉24

★ **26단** 안24

★ **27~29단** (겉1, 안1)×12

안뜨기로 뜨면서 코막음 합니다.

동물 친구 래글런 풀오버   **145**

(청개구리 장식)

앞판

청개구리 눈 2장

청개구리 눈 - 흰색단추·검정실
콧구멍 - 프렌치 노트 스티치(french knot stitch)
입 - 아웃라인 스티치(outline stitch)

✧✧✧

(청개구리 눈)

레이스 2호 코바늘과 초록색으로 시작하고, 총 2장을 만듭니다.

★**1단** 매직링을 만들어 기둥코1, 짧7, 빼뜨기 **7**

★**2단** 기둥코1, 한코에 짧2×7, 빼뜨기 **14**

꾸미기와 마무리

❶ 28단 배색 경계선 위쪽 적당한 위치에 청개구리 눈을 놓고, 그 위 중앙에 흰색 단추를 올려 검정색 실로 달아 눈 2개를 완성합니다.
❷ 그림처럼 콧구멍은 램스울 2합 검정색 실을 사용하여 프렌치 노트 스티치로 표현합니다.
❸ 입은 램스울 2합 검정색 실을 사용하여 아웃라인 스티치로 웃는 입모양을 표현합니다.
❹ 뒷단 단춧구멍 위치에 맞춰서 7㎜ 원형단추 4개를 달아줍니다. 옷 색상에 맞추어 달면 더 잘 어울립니다.

(쥐돌이 장식)

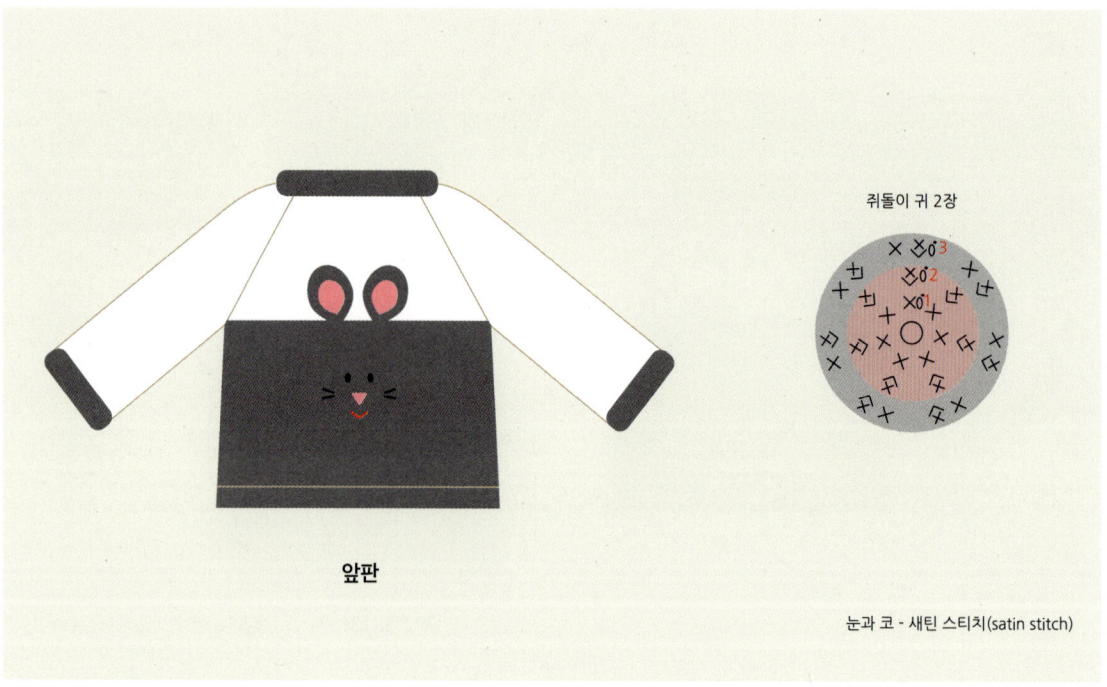

쥐돌이 귀 2장

앞판

눈과 코 - 새틴 스티치(satin stitch)

✧✧✧

(쥐돌이 귀)

레이스 2호 코바늘과 연분홍색으로 시작하고, 총 2장을 만듭니다.

★ **1단** 매직링을 만들어 기둥코1, 짧은뜨기7, 빼뜨기 7

★ **2단** 기둥코1, 한 코에 짧2×7, 빼뜨기 14

★ **3단** 회색으로 기둥코1, (한 코에 짧2, 짧1)×7번, 빼뜨기 21

꾸미기와 마무리

❶ 28단 경계선 위쪽에 원형으로 만들어진 쥐돌이의 귀 한쪽을 물방울 모양으로 뾰족하게 접어서 적당한 위치에 꿰매 귀 2개를 완성합니다.
❷ 눈은 램스울 2합 검정색 실로 3땀 정도 새틴 스티치, 코는 램스울 2합 연분홍색 실을 이용해 삼각형 모양으로 새틴 스티치합니다.
❸ 입은 램스울 2합 주황색 실로 한 땀씩 떠서 V모양으로 표현합니다.
❹ 수염은 램스울 2합 검정색 실로 한 땀씩 떠서 표현합니다.
❺ 뒷단 단춧구멍 위치에 맞춰서 7㎜ 원형단추 4개를 달아줍니다.

동물 친구 래글런 풀오버

(토순이 장식)

앞판

토순이 귀 2장

눈과 코 - 새틴 스티치(satin stitch)

(토순이 귀)

레이스 2호 코바늘과 흰색으로 시작하고, 총 2장을 만듭니다.

★ **1단** 사슬뜨기 10코를 만들어 기둥코1, 짧9, 한코에 짧3, 짧8, 한코에 짧2, 빼뜨기 **22**

★ **2단** 연분홍으로 기둥코1, 한코에 짧2, 짧8, 한코에 짧2×3, 짧8, 한코에 짧2×2, 빼뜨기 **28**

★ **3단** 기둥코1, 짧1, 한코에 짧2, 짧8, (짧1, 한코에 짧2)×3, 짧8, (짧1, 한코에 짧2)×2, 빼뜨기 **34**

꾸미기와 마무리

❶ 38단 경계선 위쪽에 토순이 귀 한쪽을 뾰족하게 접어서, 적당한 위치에 꿰매 귀 2개를 완성합니다.
❷ 눈은 램스울 2합 검정색 실로 3땀 정도 새틴 스티치, 코는 램스울 2합 진분홍색 실을 이용해 삼각형 모양으로 새틴 스티치합니다.
❸ 입은 램스울 2합 진분홍색 실로 한 땀씩 떠서 ↓모양으로 표현합니다.
❹ 뒷단 단춧구멍 위치에 맞춰서 7㎜ 원형단추 4개를 달아줍니다.

나이트 가운

난이도 ★☆☆☆☆

뜨개 기법 중 제일 쉬운 겉뜨기로 만드는 가터뜨기 나이트 가운입니다. 앞단에서 시작해 반대쪽 앞단에서 끝나며, 한 장으로 몸판과 소매까지 한 번에 떠서 완성하기 때문에 초보자들에게 추천하는 디자인입니다. 같은 간격으로 배색을 넣어 만들어지는 세로줄 무늬가 가운을 화사하게 만들어 주는 것 같아요. 무늬의 특성상 신축성도 좋고 밑단을 따로 뜨지 않아도 말리는 부분이 없답니다. 초보자라면 지금 바로 도전해보세요!

사이즈
- ★ **총 길이** 16cm
- ★ **가슴둘레** 22.5cm
- ★ **소매길이** 5.5cm

게이지
- ★ 가터뜨기 무늬 3.5코×6단(1cm×1cm)

준비물
- ★ **실** 앙고라 2합 흰색 5g, 오렌지색 5g, 램스울 2합 라벤더색 5g
- ★ **바늘** 2.5mm와 3mm 줄바늘

How to Make

① 시작코 만들 때만 3mm 줄바늘을 사용하고, 그 이후 몸판은 2.5mm 줄바늘을 사용합니다.
② 앞단에서 시작해서 옆으로 떠가는 방식입니다.
③ 가터뜨기 무늬로 앞, 뒤는 겉뜨기만 뜹니다.
④ 소매는 코를 주워 평면으로 뜬 뒤 소매 끝부터 어깨까지 돗바늘로 연결합니다.

★ 소매 끝부터 어깨까지 돗바늘로 연결할 때는 실꼬리를 이용해 색상에 맞춰서 연결합니다.

| 뜨개기법 및 약어 | ★겉 겉뜨기 | ★감 감아코 |

3mm 줄바늘과 오렌지색 실로 56코를 만든 뒤 2.5mm 줄바늘로 바꿔 시작합니다.
옆으로 떠가는 방식이며 전체 가터뜨기 무늬입니다.
색상이 명시될 때 실 색상을 바꿔서 뜨고, 색상이 바뀔 때마다 실을 여유있게 남겨두고 자릅니다.

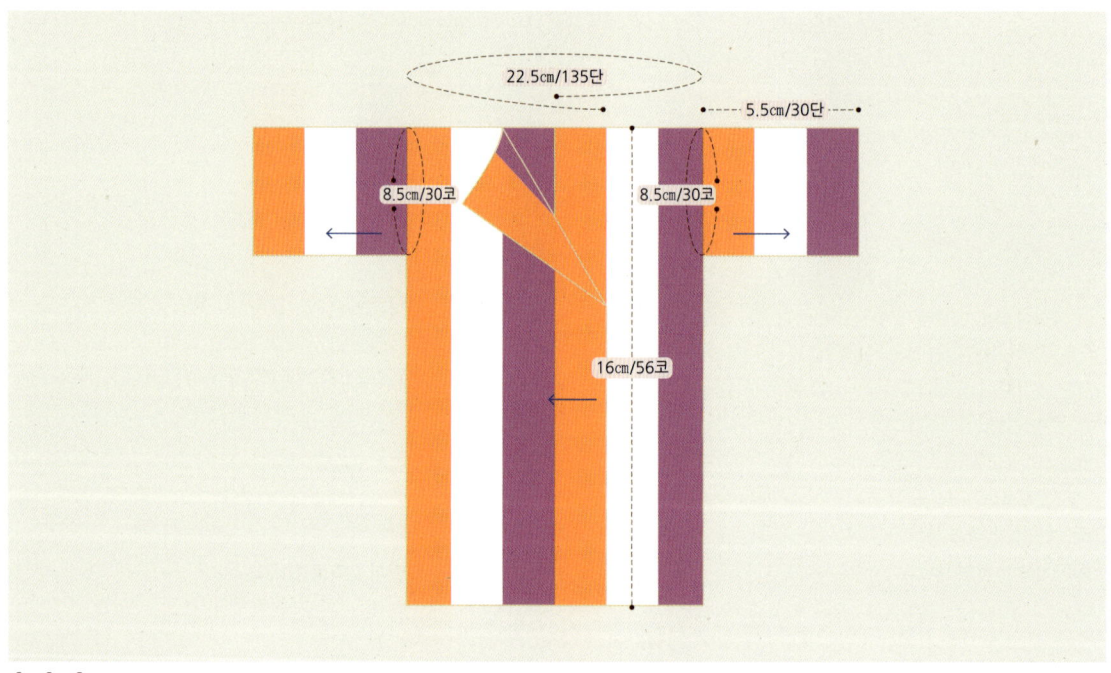

◇ ◇ ◇

★ 1~10단 오렌지 겉56 × 10단

★ 11~20단 라벤더 겉56 × 10단

★ 21~30단 흰색 겉56 × 10단

★ 31~40단 오렌지 겉56 × 10단

★ 41단 소매코로 버림실에 14코 걸어두기, 새로운 오렌지색 실로 겉42

★ 42단 겉42, 감14

★ 43~52단 겉56 × 10단

★ 53~62단 흰색 겉56 × 10단

★ 63~72단 라벤더 겉56 × 10단

★ 73~82단 오렌지 겉56 × 10단

★ 83~92단 흰색 겉56 × 10단

★ 93~102단 라벤더 겉56 × 10단

★ 103단 소매코로 버림실에 14코 걸어두기, 새로운 라벤더색 실로 겉42

★ 104단 겉42, 감14

★ 105~114단 겉56 × 10단

★ 115~124단 흰색 겉56 × 10단

★ 125~135단 오렌지 겉56 × 11단

겉뜨기로 뜨면서 코막음 합니다.

나이트 가운

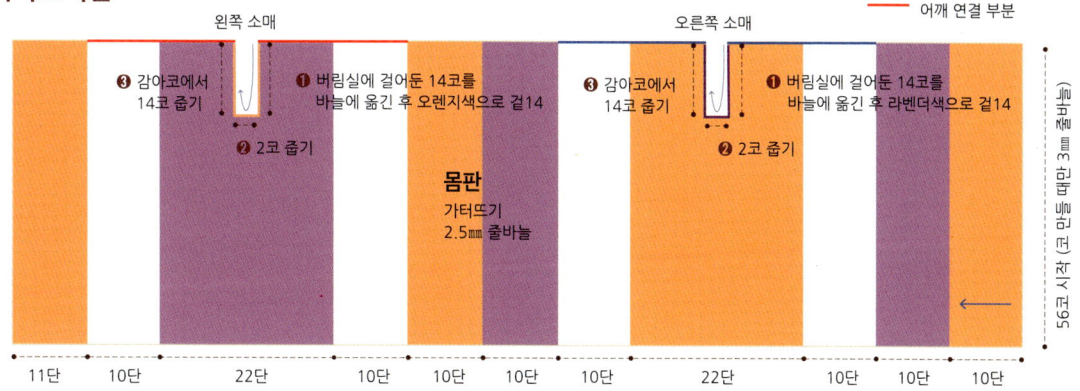

오른쪽 소매

★ **1단**
① 소매코로 버림실에 걸어둔 14코를 바늘에 옮긴 후 라벤더색으로 겉14.
② 41, 42단에서 1코씩 2코 줍기.
③ 42단 감아코 14코에서 1코씩 줍기 **30**

★ **2~10단** 겉30 × 9단

★ **11~20단** 흰색 겉30 × 10단

★ **21~30단** 오렌지 겉30 × 10단

겉뜨기로 뜨면서 코막음 합니다.

왼쪽 소매

★ **1단**
① 소매코로 버림실에 걸어둔 14코를 바늘에 옮긴 후 오렌지색으로 겉14.
② 103, 104단에서 1코씩 2코 줍기.
③ 104단 감아코 14코에서 1코씩 줍기 **30**

★ **2~10단** 겉30 × 9단

★ **11~20단** 흰색 겉30 × 10단

★ **21~30단** 라벤더 겉30 × 10단

겉뜨기로 뜨면서 코막음 합니다.

마무리

① 소매 끝에서 어깨까지 돗바늘로 메리야스잇기 합니다.
② 다른 한 쪽도 같은 방법으로 메리야스잇기 합니다.

요오크 배색 카디건

난이도 ★★★☆☆

한 가지 색상으로만 배색하고, 분홍색으로 포인트를 준 요오크 방식의 카디건입니다. 패턴과 색감이 잘 어울리는 엔틱한 느낌의 카디건입니다. 겨울 코디에 꼭 필요한 아이템으로, 크게 만들어 인형과 커플로 같이 입고 싶은 마음마저 들게 하는 디자인이랍니다.

사이즈
- ★ 총 길이   13cm
- ★ 가슴둘레 20cm
- ★ 소매길이 10.5cm

게이지
- ★ 메리야스뜨기 4코×6단(1cm×1cm)
- ★ 배색무늬뜨기 4.5코×5단(1cm×1cm)

준비물
- ★ 실   램스울 2합 회색 15g, 파란색 5g, 분홍색 약간
- ★ 바늘   2mm 줄바늘과 장갑바늘
- ★ 부재료 5mm 원형단추 5개

How to Make

❶ 위에서 아래로 떠서 내려가는 톱다운(top down) 방식으로 뜹니다.
❷ 배색무늬 뜰 때 실이 당겨지지 않도록 조심합니다.
❸ 소매분리 전까지만 배색이고, 메리야스로 뜨다가 밑단 부분에서 다시 배색이 시작됩니다.
❹ 포인트로 분홍색 배색을 할때는 실을 따로 조금만 감아서 작업하면 편합니다.

뜨개기법 및 약어	★ 겉 겉뜨기	★ 바비 바늘 비우기	★ 원늘 원코 늘리기
	★ 원모 원코 모아뜨기	★ 안 안뜨기	★ 감 감아코
	★ 안원늘 안뜨기로 원코 늘리기		

2㎜ 줄바늘과 회색 실로 55코를 만들어 시작합니다.
양쪽 4코는 앞단이며 가터뜨기 입니다. 실 색상이 명시될 때 실 색상을 바꿔서 뜹니다.

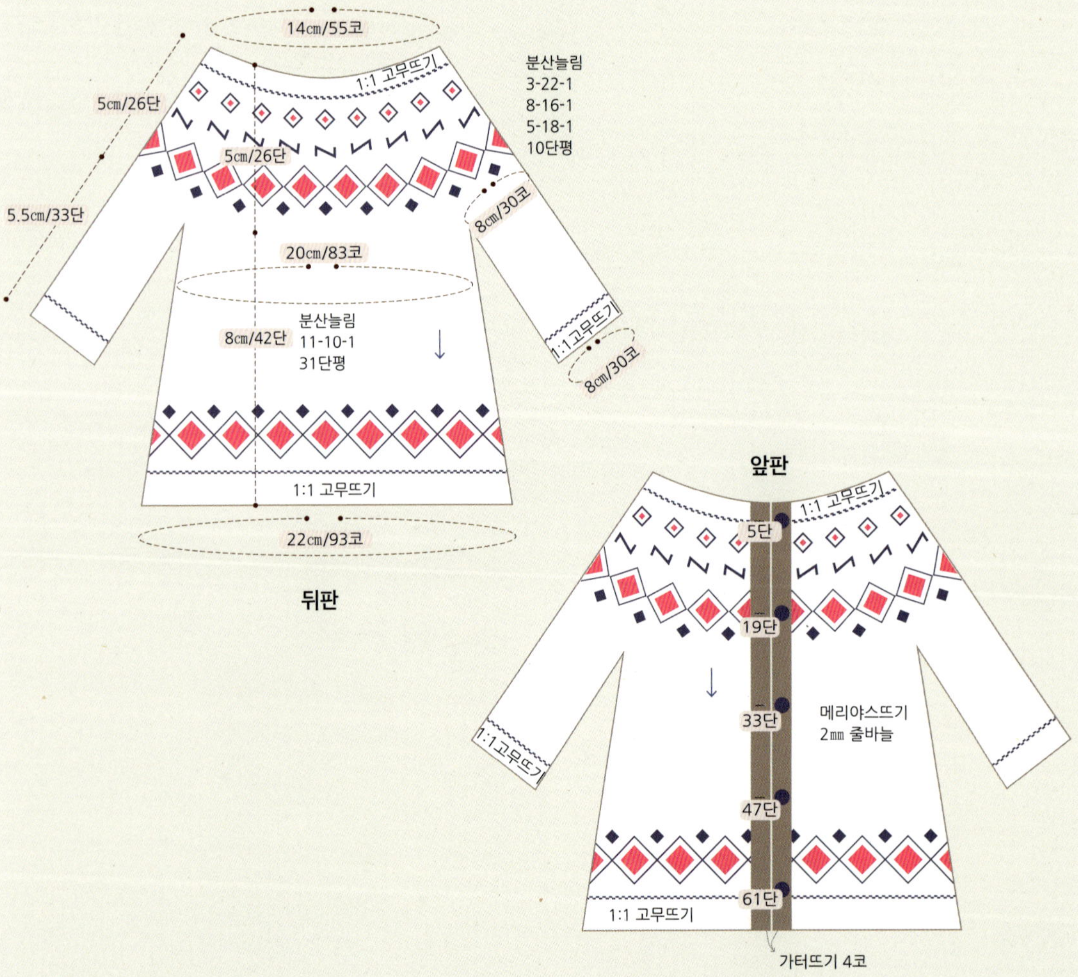

뒤판

- 14cm/55코
- 1:1 고무뜨기
- 5cm/26단
- 5cm/26단
- 5.5cm/33단
- 분산늘림
  3-22-1
  8-16-1
  5-18-1
  10단평
- 8cm/30단
- 20cm/83코
- 8cm/42단
  분산늘림
  11-10-1
  31단평
- 1:1 고무뜨기
- 8cm/30단
- 1:1 고무뜨기
- 22cm/93코

앞판

- 1:1 고무뜨기
- 5단
- 19단
- 33단
- 메리야스뜨기
  2㎜ 줄바늘
- 47단
- 61단
- 1:1 고무뜨기
- 1:1 고무뜨기
- 가터뜨기 4코

카디건 배색무늬 - 평면뜨기(17~25단)

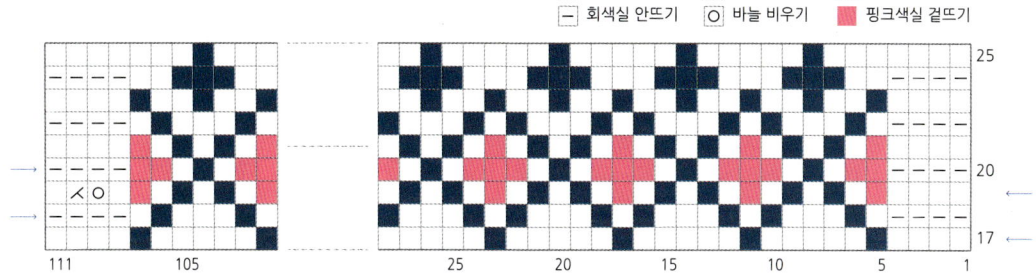

- ★ **1단** 겉4, (겉1, 안1)×23, 겉1, 겉4 55
- ★ **2단** 겉4, 안1, (겉1, 안1)×23, 겉4
- ★ **3단** 겉4, 겉3, (윈늘, 겉2)×22, 겉4 77
- ★ **4단** 겉4, (회색 안1, 파랑 안1)×34, 회색 안1, 겉4
- ★ **5단** 겉4, (파랑 겉1, 회색 겉1)×34, 파랑 겉1, 회색 겉1, 바비(단춧구멍), 왼모, 겉1
- ★ **6단** 겉4, 안69, 겉4
- ★ **7단** 겉77
- ★ **8단** 겉4, 안1, (회색 안1, 파랑 안1, 회색 안2)×17, 겉4
- ★ **9단** 겉4, (회색 겉1, 파랑 겉1, 분홍 겉1, 파랑 겉1)×17, 회색 겉1, 겉4
- ★ **10단** 겉4, 안1, (회색 안1, 피링 안1, 회색 안2)×17, 겉4
- ★ **11단** 겉4, (겉4, 오늘)×16, 겉5, 겉4 93
- ★ **12단** 겉4, 안85, 겉4
- ★ **13단** 겉4, (회색 겉1, 파랑 겉2, 회색 겉1, 파랑 겉1)×17, 회색 겉4
- ★ **14단** 겉4, (파랑 안2, 회색 안1, 파랑 안1, 회색 안1)×17, 겉4
- ★ **15단** 겉93
- ★ **16단** 겉4, 안윈늘, (안5, 안윈늘)×17, 겉4 111

카디건 배색무늬 차트 참고 (17~25단)

- ★ **17단** 겉4, (파랑 겉1, 회색 겉5)×17, 파랑 겉1, 회색 겉4
- ★ **18단** 겉4, 안1, (파랑 안1, 회색 안3, 파랑 안1, 회색 안1)×17, 겉4
- ★ **19단** 겉4, (분홍 겉1, 회색 겉1, 파랑 겉1, 회색 겉1, 파랑 겉1, 회색 겉1)×17, 분홍 겉1, 회색 겉1, 바비(단춧구멍), 왼모, 겉
- ★ **20단** 겉4, 분홍 안1, (분홍 안1, 회색 안1, 파랑 안1, 회색 안1, 분홍 안2)×17, 회색 겉4
- ★ **21단** 겉4, (분홍 겉1, 회색 겉1, 파랑 겉1, 회색 겉1, 파랑 겉1, 회색 겉1)×17, 분홍 겉1, 회색 겉4
- ★ **22단** 18단과 동일
- ★ **23단** 겉4, (파랑 겉1, 회색 겉2, 파랑 겉1, 회색 겉2)×17, 파랑 겉1, 회색 겉4
- ★ **24단** 겉4, 안1, (회색 안1, 파랑 안3, 회색 안2)×17, 겉4
- ★ **25단** 겉4, (회색 겉3, 파랑 겉1, 회색 겉2)×17, 겉1, 겉4
- ★ **26단** 겉4, 안103, 겉4

소매 분리

- ★ **27단** 겉19, 버림실에 22코 걸어두기, 감8, 겉29, 버림실에 22코 걸어두기, 감8, 겉19 83
- ★ **28단** 겉4, 안75, 겉4
- ★ **29단** 겉83
- ★ **30단** 겉4, 안75, 겉4
- ★ **31~32단** 29~30단 1번 반복
- ★ **33단** 겉80, 바비(단춧구멍), 왼모, 겉1
- ★ **34단** 겉4, 안75, 겉4
- ★ **35~36단** 29~30단 1번 반복
- ★ **37단** 겉4, 겉5, (윈늘, 겉7)×10, 겉4 93
- ★ **38단** 겉4, 안85, 겉4

카디건 배색무늬 - 평면뜨기(51~59단)

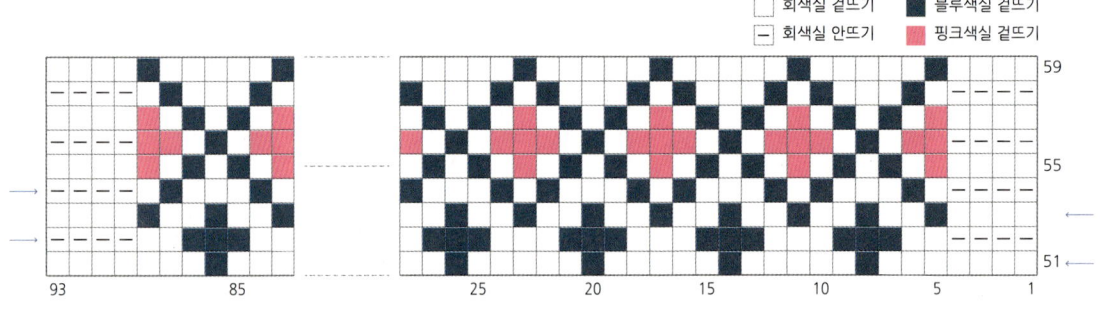

→ 이 방향으로 뜨는 단은 보이는 기호의 반대로 뜹니다.
예) 뒷면에서 뜨기 때문에 겉뜨기는 안뜨기로, 안뜨기는 겉뜨기로 뜹니다.

★ **39단** 겉93

★ **40단** 겉4, 안85, 겉4

★ **41~46단** 39~40단 3번 반복

★ **47단** 겉90, 바비(단춧구멍), 왼모, 겉1

★ **48단** 겉4, 안85, 겉4

★ **49~50단** 39~40단 1번 반복

카디건 배색무늬 차트 참고 (51~59단)

★ **51단** 겉4, (회색 겉3, 파랑 겉1, 회색 겉2)×14, 겉1, 겉4

★ **52단** 겉4, 안1, (회색 안1, 파랑 안3, 회색 안2)×14, 겉4

★ **53단** 겉4, (파랑 겉1, 회색 겉2, 파랑 겉1, 회색 겉2)×14, 파랑 겉1, 회색 겉4

★ **54단** 겉4, 안1, (파랑 안1, 회색 안3, 파랑 안1, 회색 안1)×14, 겉4

★ **55단** 겉4, (분홍 겉1, 회색 겉1, 파랑 겉1, 회색 겉1, 파랑 겉1, 회색 겉1)×14, 분홍 겉1, 회색 겉4

★ **56단** 겉4, 분홍 안1, (분홍 안1, 회색 안1, 파랑 안1, 회색 안1, 분홍 안2)×14, 회색 겉4

★ **57단** 55단과 동일

★ **58단** 54단과 동일

★ **59단** 겉4, (파랑 겉1, 회색 겉5)×14, 파랑 겉1, 회색 겉4

★ **60단** 겉4, 안85, 겉4

★ **61단** 겉90, 바비(단춧구멍), 왼모, 겉1

★ **62단** 겉4, (회색 안1, 파랑 안1)×42, 회색 안1, 겉4

★ **63단** 겉4, (파랑 겉1, 회색 겉1)×42, 파랑 겉1, 겉4

★ **64단** 겉4, 안85, 겉4

★ **65단** 겉4, (겉1, 안1)×42, 겉1, 겉4

★ **66단** 겉4, (안1, 겉1)×42, 안1, 겉4

★ **67단** 65단과 동일

겉뜨기는 겉뜨기로, 안뜨기는 안뜨기로 뜨면서 코막음 합니다.

소매

27단에서 버림실에 걸어두었던 22코를 장갑바늘 2개에 옮긴 후 감아코 8코 만들었던 자리에서 8코를 주워 원형뜨기 합니다. 양쪽 소매를 같은 방법으로 뜹니다.

★ **1단** 감아코에서 8코 줍기, 겉22 30

★ **2~28단** 겉30×27단

★ **29단** (회색 겉1, 파랑 겉1)×15

★ **30단** (파랑 겉1, 회색 겉1)×15

★ **31단** 회색 겉30

★ **32~33단** (겉1, 안1)×15

겉뜨기는 겉뜨기로, 안뜨기는 안뜨기로 뜨면서 코막음 합니다.

마무리

① 실꼬리를 정리하고 스팀다림 합니다.
② 단춧구멍 위치에 맞춰서 단추를 답니다.

벨 모헤어 원피스

난이도 ★★★☆☆

뽀송뽀송한 모헤어만의 느낌이 살아있고, 소매와 스커트에 볼륨을 넣어 귀여움을 더한 원피스입니다. 평면뜨기로 한쪽이 오픈되어 있어 앞, 뒤를 바꿔가며 원피스와 카디건 두 가지 버전으로 연출할 수 있는 기특한 아이템이지요. 치마에는 무늬뜨기를 넣었는데, 아마 재미있게 따라 하다 보면 어느새 완성되어 있을 거예요!

사이즈
- ★ 총 길이   16㎝
- ★ 가슴둘레 16.6㎝

게이지
- ★ 메리야스뜨기와 무늬뜨기 4.5코×6.5단(1㎝×1㎝)

준비물
- ★ 실   모헤어 1합 - 파스텔 보라색 10g
- ★ 바늘   2㎜ 줄바늘과 장갑바늘
- ★ 부재료   5㎜ 단추 11개, 리본 약간

How to Make

❶ 위에서 아래로 떠서 내려가는 톱다운(top down) 방식으로 뜹니다.
❷ 소매에 kfb식 늘림으로 볼륨을 주어 봉긋한 캡소매를 표현했습니다.
❸ 허리에 바늘 비우기로 구멍을 내어 리본을 통과시킬 수 있게 했습니다.
❹ 스커트는 평면뜨기로 오른코 모아뜨기, 왼코 모아뜨기, 바늘 비우기로 누구나 쉽게 뜰 수 있는 무늬를 추가했습니다.
❺ 스커트 끝단은 세코 모아뜨기로 볼륨을 잡아 표현했습니다.

★ 게이지가 맞지 않을 경우 바늘 굵기로 조절하면 됩니다. 모헤어 특성상 기모가 엉킬 수 있으니 주의하세요.

나의 소중한 파올라 레이나를 위하여

뜨개기법 및 약어
- ★겉 겉뜨기
- ★안 안뜨기
- ★바비 바늘 비우기
- ★감 감아코
- ★왼늘 왼코 늘리기
- ★오늘 오른코 늘리기
- ★왼모 왼코 모아뜨기
- ★오모 오른코 모아뜨기
- ★중3모 중심3코 모아뜨기
- ★원3모 왼코3코 모아뜨기
- ★원모코막음 왼코 모아뜨기로 코막음
- ★kfb Knit Front and Back (1코로 2코 만들기)

2㎜ 줄바늘과 파스텔 보라색 실로 41코를 만들어 시작합니다.

원피스 무늬

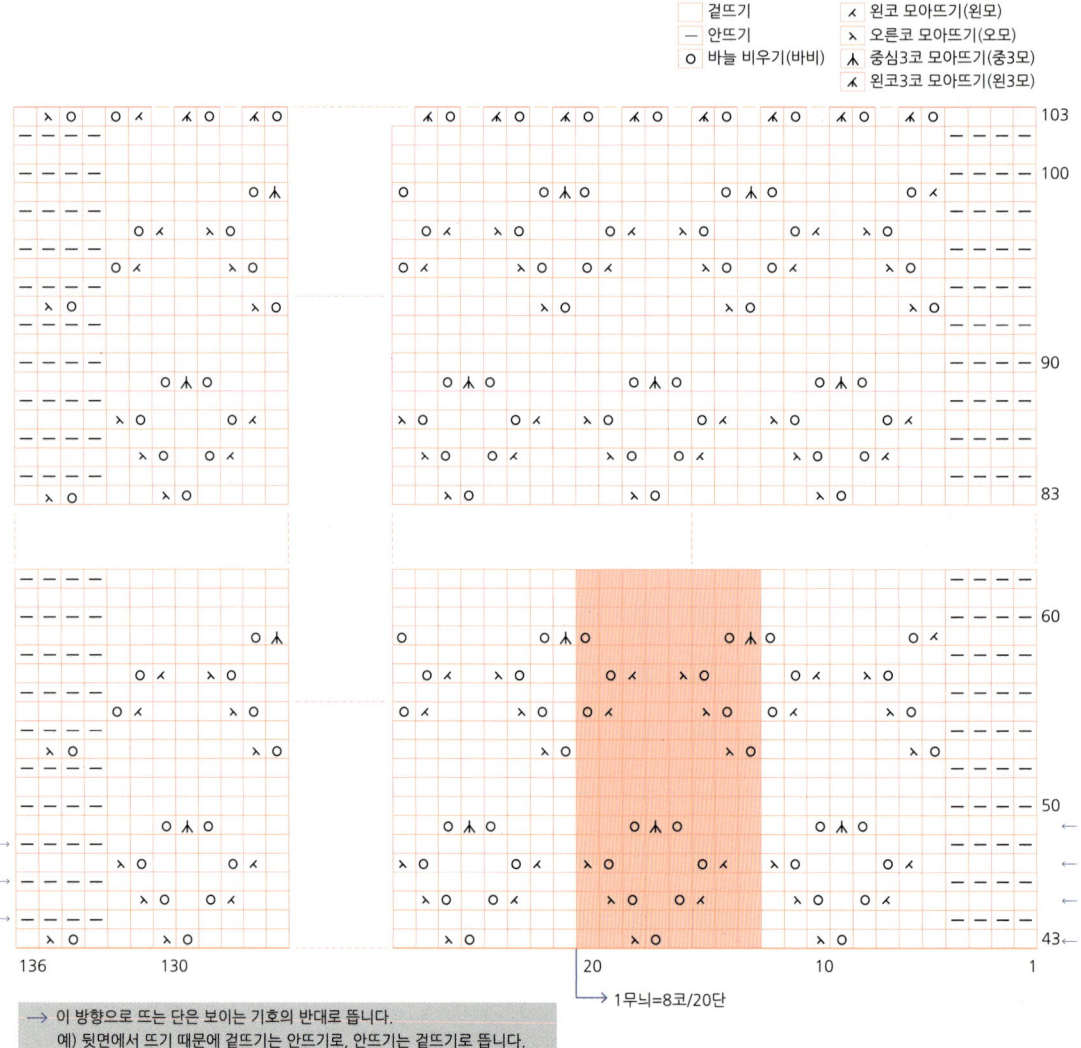

→ 이 방향으로 뜨는 단은 보이는 기호의 반대로 뜹니다.
예) 뒷면에서 뜨기 때문에 겉뜨기는 안뜨기로, 안뜨기는 겉뜨기로 뜹니다.

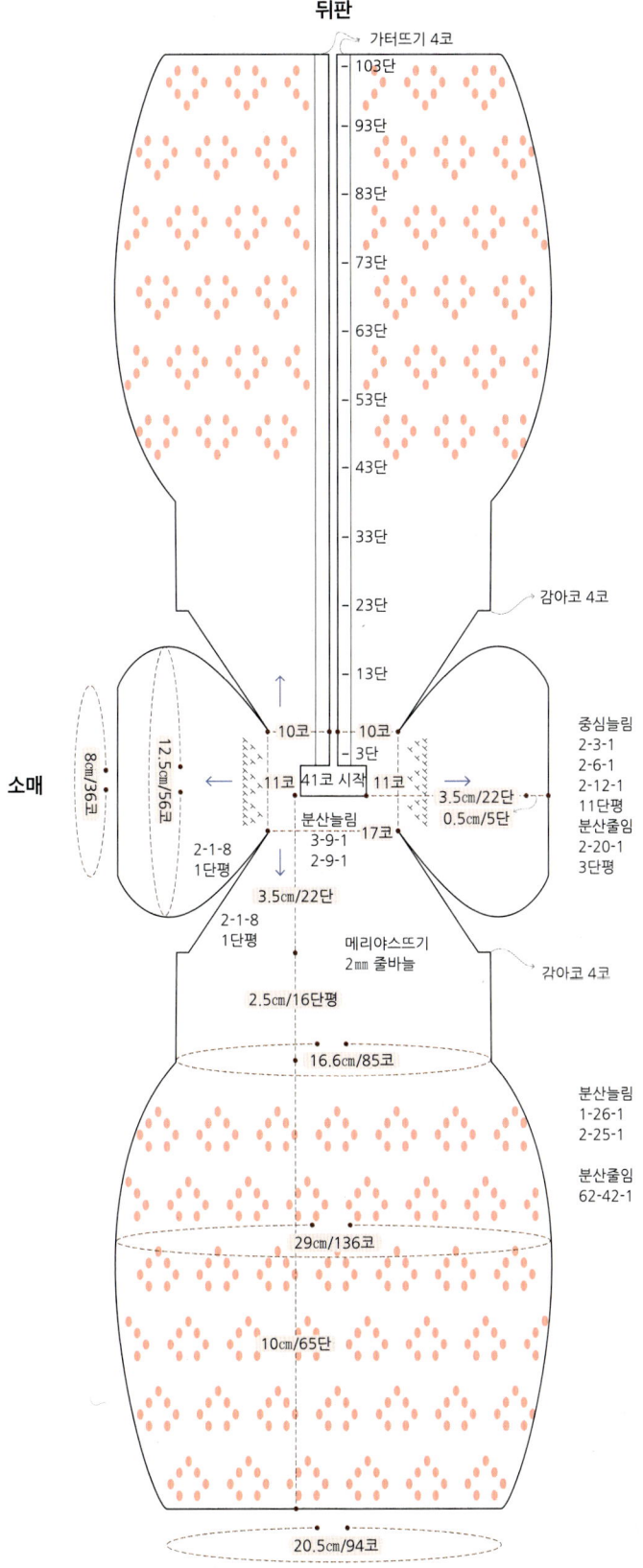

★ 1~2단 겉41

★ 3단 겉4, (오늘, 겉4)×8, 오늘, 겉2, 바비(단추구멍), 오모, 겉1 50

★ 4단 겉4, 안42, 겉4

★ 5단 겉5, (오늘, 겉5)×8, 오늘, 겉5 59

★ 6단 겉4, 안51, 겉4

★ 7단 겉9, 오늘, 겉2, 왼늘, 겉3, kfb×3, 겉3, 오늘, 겉2, 왼늘, 겉15, 오늘, 겉2, 왼늘, 겉3, kfb×3, 겉3, 오늘, 겉2, 왼늘, 겉9 73

★ 8단 겉4, 안65, 겉4

★ 9단 겉10, 오늘, 겉2, 왼늘, 겉4, kfb×6, 겉4, 오늘, 겉2, 왼늘, 겉17, 오늘, 겉2, 왼늘, 겉4, kfb×6, 겉4, 오늘, 겉2, 왼늘, 겉10 93

★ 10단 겉4, 안85, 겉4

★ 11단 겉11, 오늘, 겉2, 왼늘, 겉5, kfb×12, 겉5, 오늘, 겉2, 왼늘, 겉19, 오늘, 겉2, 왼늘, 겉5, kfb×12, 겉5, 오늘, 겉2, 왼늘, 겉11 125

★ 12단 겉4, 안117, 겉4

★ 13단 겉12, 오늘, 겉2, 왼늘, 겉36, 오늘, 겉2, 왼늘, 겉21, 오늘, 겉2, 왼늘, 겉36, 오늘, 겉2, 왼늘, 겉9, 바비(단추구멍), 오모, 겉1 133

★ 14단 겉4, 안125, 겉4

★ 15단 겉13, 오늘, 겉2, 왼늘, 겉38, 오늘, 겉2, 왼늘, 겉23, 오늘, 겉2, 왼늘, 겉38, 오늘, 겉2, 왼늘, 겉13 141

★ 16단 겉4, 안133, 겉4

★ 17단 겉14, 오늘, 겉2, 왼늘, 겉40, 오늘, 겉2, 왼늘, 겉25, 오늘, 겉2, 왼늘, 겉40, 오늘, 겉2, 왼늘, 겉14 149

★ 18단 겉4, 안141, 겉4

★ 19단 겉15, 오늘, 겉2, 왼늘, 겉42, 오늘, 겉2, 왼늘, 겉27, 오늘, 겉2, 왼늘, 겉42, 오늘, 겉2, 왼늘, 겉15 157

★ 20단 겉4, 안149, 겉4

★ 21단 겉16, 오늘, 겉2, 왼늘, 겉44, 오늘, 겉2, 왼늘, 겉29, 오늘, 겉2, 왼늘, 겉44, 오늘, 겉2, 왼늘, 겉16 165

★ 22단 겉4, 안157, 겉4

{ 소매 분리 }

★ 23단 겉18, 버림실에 48코 걸어두기, 감8, 겉33, 버림실에 48코 걸어두기, 감8, 겉15, 바비(단춧구멍), 오모, 겉1 85

★ 24단 겉4, 안77, 겉4

★ 25단 겉85

★ 26단 겉4, 안77, 겉4

★ 27~32단 25~26단 3번 반복

★ 33단 겉82, 바비(단춧구멍), 오모, 겉1

★ 34단 겉4, 안77, 겉4

★ 35~38단 25~26단 2번 반복

★ 39단 겉5, (바비, 겉3)×25, 바비, 겉5 111

★ 40단 겉4, 안103, 겉4

★ 41단 겉7, (오늘, 겉4)×24, 오늘, 겉8 136

★ 42단 겉4, 안128, 겉4

43단부터는 무늬뜨기가 시작됩니다.
(원피스 무늬 차트 참고)

★ 43단 겉8, (바비, 오모, 겉6)×15, 바비, 오모, 겉3, 바비(단추), 오모, 겉1 136

★ 44단 겉4, 안128, 겉4

★ 45단 겉6, (왼모, 바비, 겉1, 바비, 오모, 겉3)×15, 왼모, 바비, 겉1, 바비, 오모, 겉5

★ 46단 겉4, 안128, 겉4

★ 47단 겉5, (왼모, 바비, 겉3, 바비, 오모, 겉1)×15, 왼모, 바비, 겉3, 바비, 오모, 겉4

★ 48단 겉4, 안128, 겉4

★ 49단 겉7, (바비, 중3모, 바비, 겉5)×15, 바비, 중3모, 바비, 겉6

★ 50단 겉4, 안128, 겉4

★ 51단 겉136

★ 52단 겉4, 안128, 겉4

★ 53단 겉4, (바비, 오모, 겉6)×15, 바비, 오모, 겉7, 바비(단춧구멍), 오모, 겉1

벨 모헤어 원피스

★**54단** 겉4, 안128, 겉4

★**55단** 겉5, (바비, 오모, 겉3, 왼모, 바비, 겉1)×15, 바비, 오모, 겉3, 왼모, 바비, 겉4

★**56단** 겉4, 안128, 겉4

★**57단** 겉6, (바비, 오모, 겉1, 왼모, 바비, 겉3)×15, 바비, 오모, 겉1, 왼모, 바비, 겉5

★**58단** 겉4, 안128, 겉4

★**59단** 겉4, 왼모, 바비,(겉5, 바비, 중3모, 바비)×15, 겉10

★**60단** 겉4, 안128, 겉4

★**61단** 겉136

★**62단** 겉4, 안128, 겉4

★**63~102단** 43~62단 2번 반복

★**103단** 겉4, (바비, 왼3모)×42, 왼모, 바비, 겉1, 바비(단춧구멍), 오모, 겉1 94

★**104단** 왼모 코막음, 겉1을 한 다음 그 코를 왼쪽 바늘로 옮겨 왼모, 다시 코를 왼쪽 바늘로 옮겨 왼모. 이 과정을 끝까지 반복합니다.

소매

23단에서 별실에 걸어두었던 48코를 장갑바늘 2개에 옮긴 후 감아코 8코 만들었던 자리에서 8코를 주워 원형뜨기 합니다. 양쪽 소매를 같은 방법으로 뜹니다.

★**1단** 감아코에서 8코 줍기, 겉48 56

★**2단** 겉4, 왼모×20, 겉12 36

★**3~4단** (겉1, 안1)×18

★**5단** 왼모 코막음

마무리

❶ 실꼬리를 정리하고 스팀다림 합니다.
❷ 상의 뒷단 단춧구멍 위치에 맞춰서 단추 11개를 달아줍니다.
❸ 39단 바늘 비우기 자리에 리본을 통과시켜 예쁘게 묶어줍니다.

삼선 후드 카디건

난이도 ★★★☆☆

치마나 바지 어디에나 무심하듯 가볍게 걸쳐주면 꾸안꾸 매력을 보여주는 멋진 후드 카디건입니다. 후드에 스트라이프 무늬를 넣어서 캐주얼하게 코디할 수 있으며, 후드 단추를 풀면 망토처럼 펼쳐지는 세일러카라로 한 번 더 변신합니다. 심플하지만 특별한! 카디건을 만들어보세요.

사이즈
- ★ **카디건** 총 길이 9.5cm, 가슴둘레 21cm, 소매길이 11cm
- ★ **후드** 총 길이 12cm, 둘레 19cm

게이지
- ★ 메리야스뜨기 4.5코×6단(1cm×1cm)

준비물
- ★ **실** 램스울 2합 브라운 11g, 베이지 7g
- ★ **바늘** 1.5mm, 2mm 줄바늘과 2mm 장갑바늘
- ★ **부재료** 단추 6개(후드), 5개(앞단)

How to Make

1. 후드 끝에서부터 떠서 내려가는 톱다운(top down) 방식의 후드 카디건입니다.
2. 2가지 색상으로 2단 스트라이프 무늬에 가장자리 바탕색 겉뜨기가 들어가 테두리 배색의 효과를 주었습니다.
3. 카디건 앞단에 단춧단을 가터뜨기로 동시에 작업하여 별도 작업의 번거로움을 없앴습니다.

★ 후드에 뒷트임을 주어 인형의 긴 머리카락을 빼내고, 옷을 인형의 몸에 자연스럽게 입힐 수 있습니다.

뜨개기법 및 약어	★겉 겉뜨기	★바비 바늘 비우기	★왼늘 왼코 늘리기	★왼모 왼코 모아뜨기
	★안 안뜨기	★감 감아코	★오늘 오른코 늘리기	★오모 오른코 모아뜨기

2㎜ 줄바늘과 브라운색 실로 84코를 만들어 시작합니다.

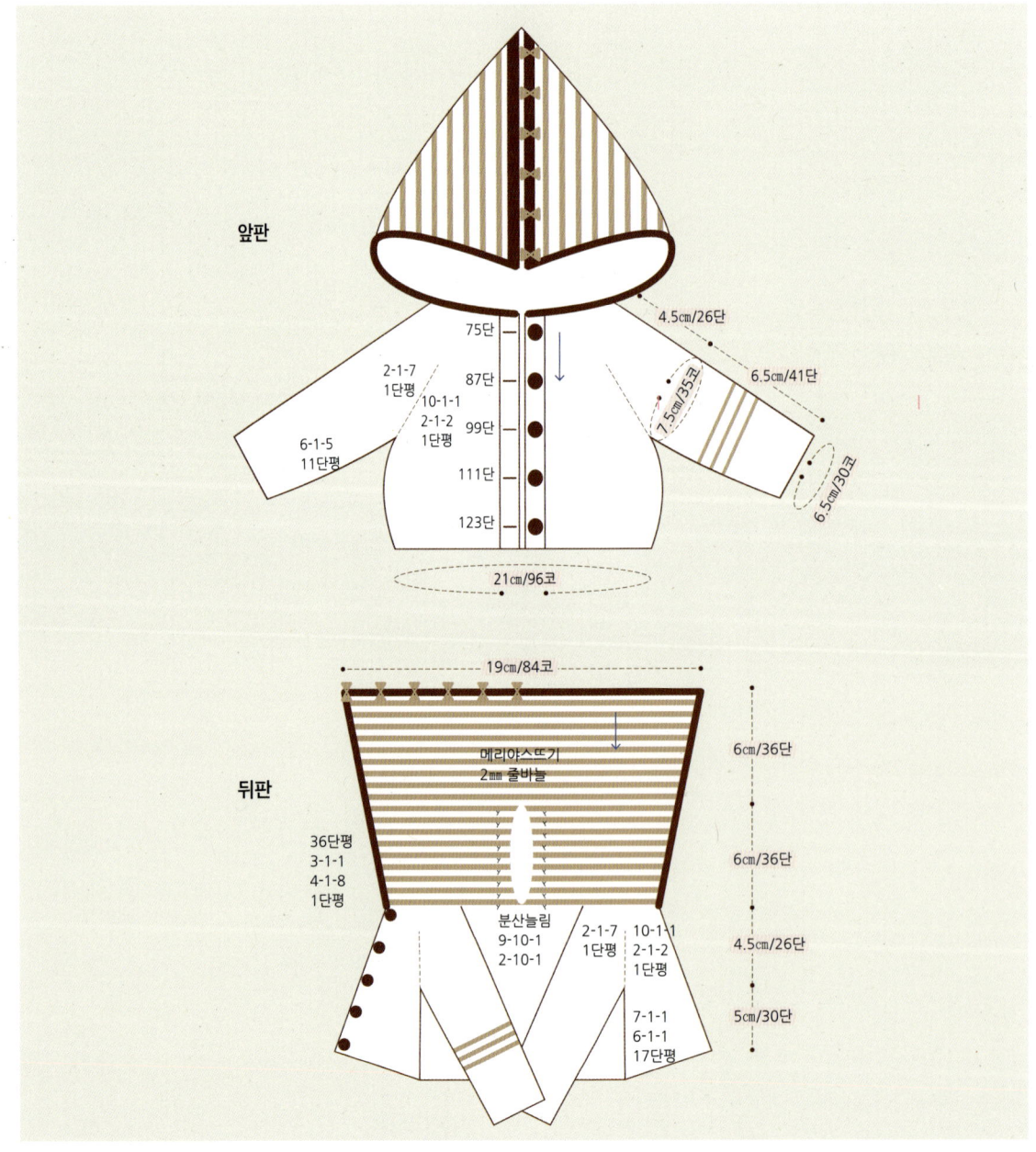

삼선 후드 카디건

- ★1단 브라운 안4, 겉76, 안4 84
- ★2단 브라운 겉1(왼모, 바비(단춧구멍), 겉5)×5 왼모, 바비(단춧구멍), 겉46
- ★3단 브라운 안4, 베이지 겉76, 브라운 안4
- ★4단 브라운 겉4, 베이지 안76, 브라운 겉4
- ★5단 브라운 안4, 겉76, 안4
- ★6단 브라운 겉4, 안76, 겉4
- ★7단 브라운 안4, 베이지 겉76, 브라운 안4
- ★8단 브라운 겉4, 베이지 안76, 브라운 겉4
- ★9~36단 5~8단 7번 반복

후드 왼쪽

84코 중 42코로 작업합니다. 나머지 42코는 쉼코로 둡니다.

- ★37단 브라운 안4, 겉35, 안3 42
- ★38단 브라운 겉4, 안35, 겉4
- ★39단 브라운 안4, 베이지 겉31, 왼모 겉2, 안3 41
- ★40단 베이지 겉3, 안34, 브라운 겉4
- ★41단 브라운 안4, 겉34, 안3
- ★42단 브라운 겉4, 안34, 겉4
- ★43단 브라운 안4, 베이지 겉30, 왼모 겉2, 안3 40
- ★44단 베이지 겉3, 안33, 브라운 겉4
- ★45단 브라운 안4, 겉33, 안3
- ★46단 브라운 겉4, 안33, 겉4
- ★47단 브라운 안4, 베이지 겉29, 왼모 겉2, 안3 39
- ★48단 베이지 겉3, 안32, 브라운 겉4
- ★49단 브라운 안4, 겉32, 안3
- ★50단 브라운 겉3, 안32, 겉4
- ★51단 브라운 안4, 베이지 겉28, 왼모 겉2, 안3 38
- ★52단 베이지 겉3, 안31, 브라운 겉4
- ★53단 브라운 안4, 겉31, 안3
- ★54단 브라운 겉3, 안31, 겉4
- ★55단 브라운 안4, 베이지 겉27, 왼모 겉2, 안3 37
- ★56단 베이지 겉3, 안30, 브라운 겉4
- ★57단 브라운 안4, 겉30, 안3
- ★58단 브라운 겉3, 안30, 겉4
- ★59단 브라운 안4, 베이지 겉26, 왼모 겉2, 안3 36
- ★60단 베이지 겉3, 안29, 브라운 겉4
- ★61단 브라운 안4, 겉29, 안3
- ★62단 브라운 겉3, 안29, 겉4
- ★63단 브라운 안4, 베이지 겉25, 왼모 겉2, 안3 35
- ★64단 베이지 겉3, 안28, 브라운 겉4
- ★65단 브라운 안4, 겉28, 안3
- ★66단 브라운 겉3, 안28, 겉4
- ★67단 브라운 안4, 베이지 겉24, 왼모 겉2, 안3 34
- ★68단 베이지 겉3, 안27, 브라운 겉4
- ★69단 브라운 안4, 겉27, 안3
- ★70단 브라운 겉3, 안27, 겉4
- ★71단 브라운 안4, 베이지 겉23, 왼모 겉2, 안3 33
- ★72단 베이지 겉3, 안26, 브라운 겉4

후드 오른쪽

쉼코로 둔 42코로 작업합니다.

- ★37단 브라운 안3, 겉35, 안4 42
- ★38단 브라운 겉4, 안35, 겉3
- ★39단 베이지 안3, 겉2, 오모, 겉31, 브라운 안4 41
- ★40단 브라운 겉4, 베이지 안34, 겉3
- ★41단 브라운 안3, 겉34, 안4
- ★42단 브라운 겉4, 안34, 겉3
- ★43단 베이지 안3, 겉2, 오모, 겉30, 브라운 안4 40

★44단 브라운 겉4, 베이지 안33, 겉3
★45단 브라운 안3, 겉33, 안4
★46단 브라운 겉4, 안33, 겉3
★47단 베이지 안3, 겉2, 오모, 겉29, 브라운 안4 39
★48단 브라운 겉4, 베이지 안32, 겉3
★49단 브라운 안3, 겉32, 안4
★50단 브라운 겉4, 안32, 겉3
★51단 베이지 안3, 겉2, 오모, 겉28, 브라운 안4 38
★52단 브라운 겉4, 베이지 안31, 겉3
★53단 브라운 안3, 겉31, 안4
★54단 브라운 겉4, 안31, 겉3
★55단 베이지 안3, 겉2, 오모, 겉27, 브라운 안4 37
★56단 브라운 겉4, 베이지 안30, 겉3
★57단 브라운 안3, 겉30, 안4
★58단 브라운 겉4, 안30, 겉3
★59단 베이지 안3, 겉2, 오모, 겉26, 브라운 안4 36
★60단 브라운 겉4, 베이지 안29, 겉3
★61단 브라운 안3, 겉29, 안4
★62단 브라운 겉4, 안29, 겉3
★63단 베이지 안3, 겉2, 오모, 겉25, 브라운 안4 35
★64단 브라운 겉4, 베이지 안28, 겉3
★65단 브라운 안3, 겉28, 안4
★66단 브라운 겉4, 안28, 겉3
★67단 베이지 안3, 겉2, 오모, 겉24, 브라운 안4 34
★68단 브라운 겉4, 베이지 안27, 겉3
★69단 브라운 안3, 겉27, 안4
★70단 브라운 겉4, 안27, 겉3
★71단 베이지 안3, 겉2, 오모, 겉23, 브라운 안4 33
★72단 브라운 겉4, 베이지 안26, 겉3

바늘을 1.5mm로 바꾸고 양쪽을 합해서 브라운색으로만 작업합니다.

★73단 겉4, (안1, 겉1)×29, 겉4 66
★74단 겉4, (안1, 겉1)×29, 겉4
★75단 겉4, (안1, 겉1)×29, 겉1, 바비(단춧구멍), 오모, 겉1
★76단 겉4, (안1, 겉1)×29, 겉4
★77단 겉4, (안1, 겉1)×29, 겉4
★78단 겉4, (안1, 겉1)×29, 겉4

삼선 후드 카디건

바늘을 2mm로 바꾸어 진행합니다.

★ **79단** 겉66

★ **80단** 겉4, 안58, 겉4

★ **81단** 겉6, (오늘, 겉6)×9 오늘, 겉6 76

★ **82단** 겉4, 안68, 겉4

★ **83단** 겉6, (오늘, 겉7)×9 오늘, 겉7 86

★ **84단** 겉4, 안78, 겉4

★ **85단** 겉17, 왼늘, 겉11, 오늘, 겉30, 왼늘, 겉11, 오늘, 겉17 90

★ **86단** 겉4, 안82, 겉4

★ **87단** 겉17, 왼늘, 겉13, 오늘, 겉30, 왼늘, 겉13, 오늘, 겉14, 바비(단춧구멍), 오모, 겉1 94

★ **88단** 겉4, 안86, 겉4

★ **89단** 겉17, 왼늘, 겉15, 오늘, 겉30, 왼늘, 겉15, 오늘, 겉17 98

★ **90단** 겉4, 안90, 겉4

★ **91단** 겉17, 왼늘, 겉17, 오늘, 겉30, 왼늘, 겉17, 오늘, 겉17 102

★ **92단** 겉4, 안94, 겉4

★ **93단** 겉15, 오늘, 겉2, 왼늘, 겉19, 오늘, 겉2, 왼늘, 겉26, 오늘, 겉2, 왼늘, 겉19, 오늘, 겉2, 왼늘, 겉15 110

★ **94단** 겉4, 안102, 겉4

★ **95단** 겉16, 오늘, 겉2, 왼늘, 겉21, 오늘, 겉2, 왼늘, 겉28, 오늘, 겉2, 왼늘, 겉21, 오늘, 겉2, 왼늘, 겉16 118

★ **96단** 겉4, 안110, 겉4

★ **97단** 겉17, 오늘, 겉2, 왼늘, 겉23, 오늘, 겉2, 왼늘, 겉30, 오늘, 겉2, 왼늘, 겉23, 오늘, 겉2, 왼늘, 겉17 126

★ **98단** 겉4, 안118, 겉4

〈 소매 분리 〉

★ **99단** 겉19, 버림실에 27코 걸어두기, 감8, 겉34, 버림실에 27코 걸어두기, 감8, 겉16, 바비(단춧구멍), 오모, 겉1 88

★ **100단** 겉4, 안80, 겉4

★ **101단** 겉88

★ **102단** 겉4, 안80, 겉4

★ **103단** 겉88

★ **104단** 겉4, 안80, 겉4

★ **105단** 겉19, 오늘, 겉8, 왼늘, 겉34, 오늘, 겉8, 왼늘, 겉19 92

★ **106단** 겉4, 안84, 겉4

★ **107단** 겉92

★ **108단** 겉4, 안84, 겉4

★ **109단** 겉92

★ **110단** 겉4, 안84, 겉4

★ **111단** 겉20, 오늘, 겉8, 왼늘, 겉36, 오늘, 겉8, 왼늘, 겉17, 바비(단춧구멍), 오모, 겉1 96

★ **112단** 겉4, 안88, 겉4

★**113단** 겉96

★**114단** 겉4, 안88, 겉4

★**115단** 겉96

★**116단** 겉4, 안88, 겉4

★**117단** 겉96

★**118단** 겉4, 안88, 겉4

★**119단** 겉96

★**120단** 겉4, 안88, 겉4

★**121단** 겉96

★**122단** 겉4, 안88, 겉4

★**123단** 겉4, (안1, 겉1)×44, 겉1, 바비(단춧구멍), 오모, 겉1

★**124단** 겉4, (안1, 겉1)×44, 겉4

★**125~128단** 124단 4번 반복

겉뜨기는 겉뜨기로, 안뜨기는 안뜨기로 코막음 합니다.

{ 소매 }

99단에서 버림실에 걸어두었던 27코를 장갑바늘 2개에 옮긴 후 감아코 8코 만들었던 자리에서 8코를 주워 원형뜨기 합니다.

{ 왼쪽 소매 }

★**1단** 감아코에서 8코 줍기, 겉27 35

★**2~5단** 겉35×4단

★**6단** 겉30, 왼모, 겉3 34

★**7~11단** 겉34×5단

★**12단** 겉29, 왼모, 겉3 33

★**13~14단** 베이지 겉33×2단

★**15~16단** 브라운 겉33×2단

★**17단** 베이지 겉33

★**18단** 베이지 겉29, 왼모, 겉2 32

★**19~20단** 브라운 겉32×2단

★**21~22단** 베이지 겉32×2단

★**23단** 브라운 겉32

★**24단** 브라운 겉28, 왼모, 겉2 31

★**25~29단** 브라운 겉31×5단

★**30단** 브라운 겉28, 왼모, 겉1 30

★**31~35단** 브라운 겉30×5단

★**36~41단** (겉1, 안1)×15

겉뜨기는 겉뜨기로, 안뜨기는 안뜨기로 뜨면서 코막음 합니다.

{ 오른쪽 소매 }

왼쪽 소매 1~41단과 동일. 배색 없이 브라운색으로만 작업합니다.

마무리

❶ 실꼬리를 정리한 뒤 안쪽 면에서 스팀다림 합니다.
❷ 모자와 카디건 앞단의 단춧구멍에 맞춰서 단추를 달아줍니다.

sson 3

보기만 해도 기분 좋아지는 포인트 소품

러블리 챙 모자

난이도 ★★★☆☆

대바늘로 작업한 챙 모자입니다. 사랑스러운 느낌을 줄 수 있도록 레이스 장식 자리를 만들었어요. 챙 부분도 심심하지 않게 무늬를 넣어 예쁘게 표현했답니다. 심플한 옷을 입은 인형에 포인트로 이 모자를 씌워주면 시선 집중이겠지요?

사이즈
- ★ 모자 높이   7㎝
- ★ 모자 둘레   (머리 둘레 부분) 20㎝
- ★ 챙 둘레   36㎝

게이지
- ★ 메리야스뜨기 4코×6단(1㎝×1㎝)

준비물
- ★ 실   램스울 3합 하늘색 9g
- ★ 바늘   2㎜ 줄바늘이나 장갑바늘

How to Make

1. 줄바늘이나 장갑바늘로 원형뜨기 합니다. 다루기 편한 바늘을 선택하면 됩니다.
2. 레이스를 끼울 수 있도록 바늘 비우기로 구멍무늬를 만들어줍니다.
3. 챙 부분의 무늬를 따라 저절로 챙이 펴집니다.
4. 램스울은 약해서 완성 후 코를 실에 옮기고 당겨서 오므릴 때 잘 끊어질 수 있으니, 다른 실을 대신 사용해도 됩니다.

뜨개기법 및 약어

* 겉 겉뜨기
* 안 안뜨기
* 왼늘 왼코 늘리기
* 안원모 안뜨기로 왼코 모아뜨기
* 바비 바늘 비우기

2mm 줄바늘이나 장갑바늘을 사용하여
램스울 3합 하늘색 실로 일반코 8코를 만들어 원형뜨기 합니다.

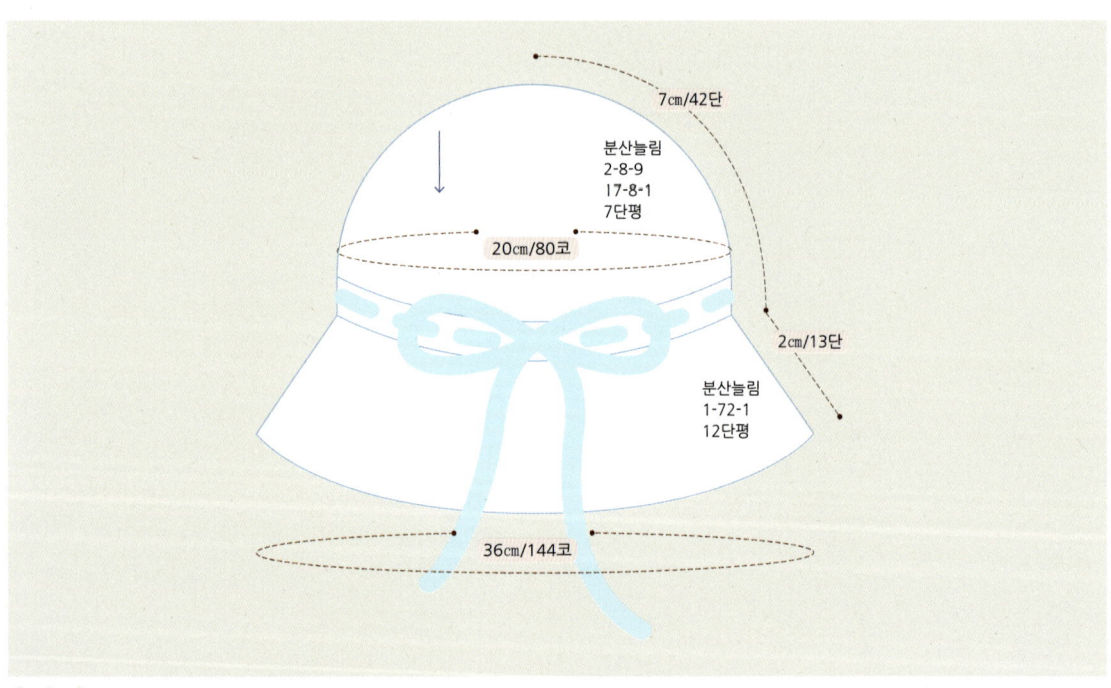

* 1단 겉8
* 2단 (겉1, 왼늘)×8 16
* 3단 겉16
* 4단 (겉2, 왼늘)×8 24
* 5단 겉24
* 6단 (겉3, 왼늘)×8 32
* 7단 겉32
* 8단 (겉4, 왼늘)×8 40
* 9단 겉40
* 10단 (겉5, 왼늘)×8 48
* 11단 겉48
* 12단 (겉6, 왼늘)×8 56
* 13단 겉56
* 14단 (겉7, 왼늘)×8 64
* 15단 겉64
* 16단 (겉8, 왼늘)×8 72
* 17단 겉72
* 18단 (겉9, 왼늘)×8 80

챙 모자

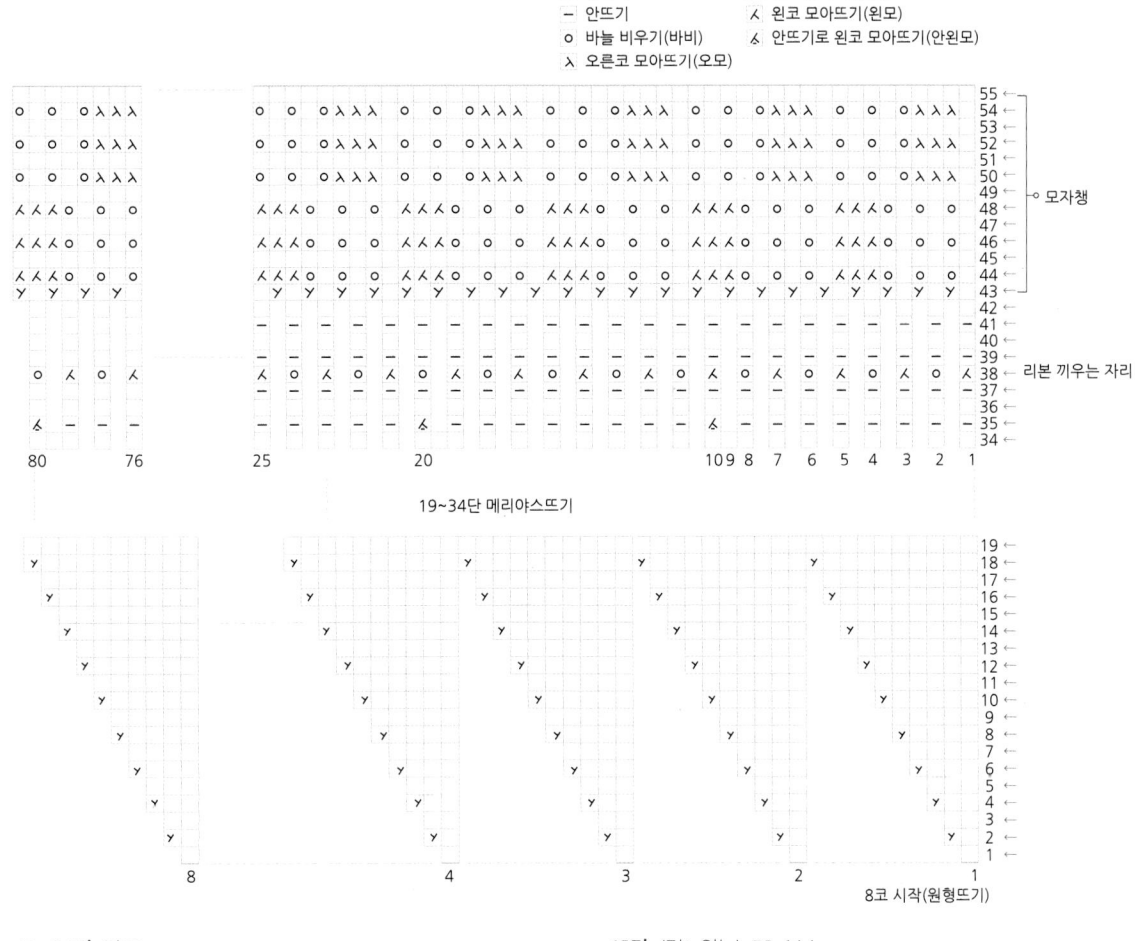

- ★**19~34단** 겉80
- ★**35단** (안8, 안왼모)×8 72
- ★**36단** 겉72
- ★**37단** 안72
- ★**38단** (왼모, 바비)×36
- ★**39단** 안72
- ★**40단** 겉72
- ★**41단** 안72
- ★**42단** 겉72
- ★**43단** (겉1, 왼늘)×72 144
- ★**44단** (겉1, 바비, 겉1, 바비, 겉1, 바비, 왼모×3)×16
- ★**45단** 겉144
- ★**46~49단** 44~45단 2번 반복
- ★**50단** (겉1, 오모×3, 바비, 겉1, 바비, 겉1, 바비)×16
- ★**51단** 겉144
- ★**52~55단** 50~51단 2번 반복

겉뜨기로 뜨면서 코막음 합니다. 레이스를 38단 바늘 비우기 구멍에 끼우고 리본 모양으로 묶어 러블리하게 표현합니다.

투투 비니

난이도 ★☆☆☆☆

기본적인 디자인의 모자로 어떤 스타일에나 잘 어울립니다. 또한 고무뜨기의 특성상 신축성이 좋아 머리가 큰 인형도 비니 하나로 멋쟁이가 될 수 있답니다. 여러 가지 색깔로 만들어두고 옷에 맞춰 다양하게 연출해 보세요.

사이즈
- ★ 총 길이   8.5㎝
- ★ 모자 둘레 16㎝

게이지
- ★ 2:2 고무뜨기 5.5코×5.5단(1cm×1cm)

준비물
- ★ 실   램스울 3합 분홍색 10g
- ★ 바늘 2㎜ 줄바늘이나 장갑바늘

How to Make

1. 원형뜨기로 시작합니다.
2. 원하는 길이로 뜨고 싶을 때는 줄임이 시작되기 전에 조절하고 줄입니다.
3. 램스울은 약해서 완성 후 코를 실에 걸어 당길 때 잘 끊어질 수 있으니 다른 실을 대신 사용해도 됩니다.

| 뜨개기법 및 약어 | ★ 겉 겉뜨기 | ★ 오모 오른코 모아뜨기 |
| | ★ 안 안뜨기 | ★ 안왼모 안뜨기로 왼코 모아뜨기 |

2㎜ 줄바늘이나 장갑바늘을 사용하여 분홍색 실로 88코를 만들어 원형뜨기 합니다.

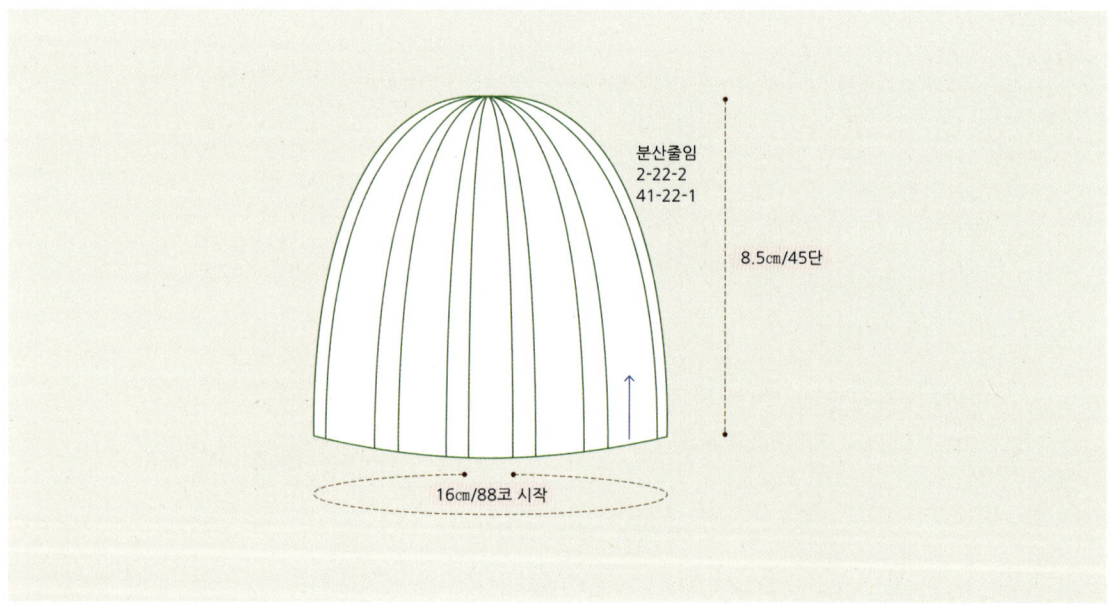

비니 줄임 - 40~46단

- ★ **1~40단** (겉2, 안2)×22번을 40단
- ★ **41단** (겉2, 안왼모)×22 66
- ★ **42단** (겉2, 안1)×22
- ★ **43단** (겉1, 오모)×22 44
- ★ **44단** 겉44
- ★ **45단** 오모×22 22
- ★ **46단** 오모×11 11

돗바늘에 실을 끼워 남은 11코를 통과시키고 잡아당겨 마무리 합니다.

꽈배기 버블햇

난이도 ★★☆☆☆

겨울이면 누구나 즐겨 찾는 디자인의 모자이지요. 손뜨개의 맛을 살린 꽈배기 무늬를 넣고, 큰 방울을 달아 귀여움을 더했습니다. 왠지 눈 내리는 배경에서 이 모자를 쓴 인형 사진을 찍고 싶게 만드는, 버블햇은 추운 겨울과 뗄 수 없는 필수 아이템입니다.

사이즈
- 총 길이　　9.5㎝(방울 제외)
- 모자 둘레　20㎝

게이지
- 무늬뜨기 4.5코×7단(1㎝×1㎝)

준비물
- 실　　램스울 3합 빨강색 10g, 흰색(방울) 5g
- 바늘　2㎜ 장갑바늘

How to Make

1. 원형뜨기로 시작합니다.
2. 꽈배기 무늬 사이는 안뜨기 무늬입니다.
3. 원하는 길이만큼 뜨고 싶을 때는 줄임이 시작되기 전에 조절하고 줄입니다.
4. 램스울은 약해서 완성 후 코를 실에 걸어 당길 때 잘 끊어질 수 있으니 다른 실을 대신 사용해도 됩니다.
5. 방울을 만들지 않고 기성품 방울을 달아도 좋습니다.

뜨개기법 및 약어	★ 겉 겉뜨기	★ 왼모 왼코 모아뜨기	★ 2:2 왼코 위 교차뜨기
	★ 안 안뜨기	★ 오모 오른코 모아뜨기	★ 3:3 왼코 위 교차뜨기

2mm 줄바늘이나 장갑바늘을 사용하여 빨간색 실로 90코를 만들어 원형뜨기 합니다.

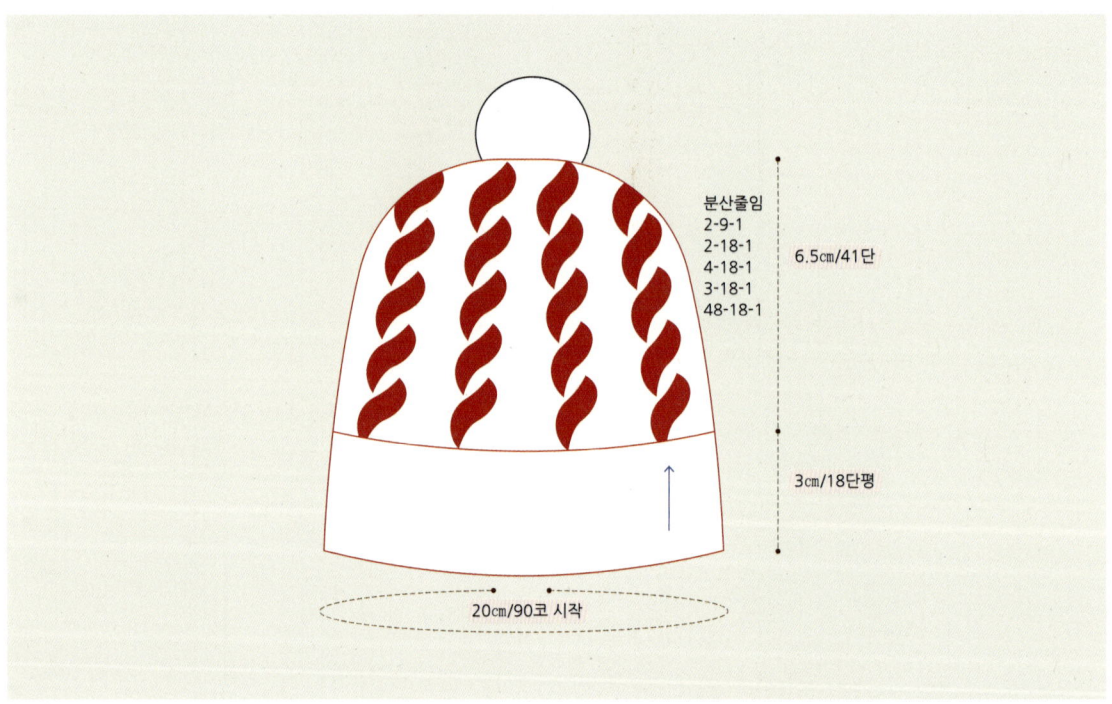

분산줄임
2-9-1
2-18-1
4-18-1
3-18-1
48-18-1

6.5cm/41단

3cm/18단평

20cm/90코 시작

★ **1~18단** (겉1, 안1)×45번을 18단

★ **19~20단** 안2, (겉6, 안4)×8, 겉6, 안2

★ **21단** 안2, (3:3 왼코 위 교차뜨기, 안4)×8, 3:3 왼코 위 교차뜨기, 안2

★ **22~28단** 안2, (겉6, 안4)×8, 겉6, 안2

★ **29~44단** 21~28단 2번 반복

★ **45단** 안2, (3:3 왼코 위 교차뜨기, 안4)×8, 3:3 왼코 위 교차뜨기, 안2

★ **46~47단** 안2, (겉6, 안4)×8, 겉6, 안2

★ **48단** 안1, (왼모, 겉4, 오모, 안2)×8, 왼모, 겉4, 오모, 안1 72

★ **49~50단** 안1, (겉6, 안2)×8, 겉6, 안1

★ **51단** 안1, (오모, 겉2, 왼모, 안2)×8, 오모, 겉2, 왼모, 안1 54

★ **52단** 안1, (겉4, 안2)×8, 겉4, 안1

★ **53단** 안1, (2:2 왼코 위 교차뜨기, 안2)×8, 2:2 왼코 위 교차뜨기, 안1

★ **54단** 안1, (겉4, 안2)×8, 겉4, 안1

★ **55단** 안1, (오모, 왼모, 안2)×8, 오모, 왼모, 안1 36

꽈배기 버블햇

버블햇

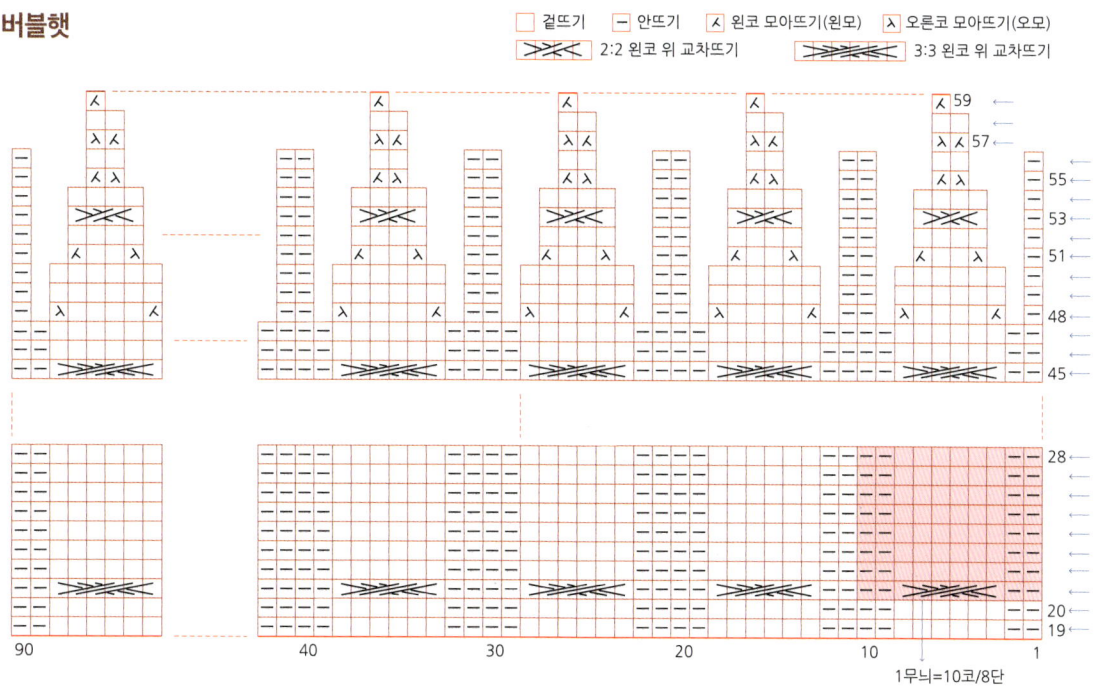

★56단 안1, (겉2, 안2)×8, 겉2, 안1

★57단 (왼모, 오모)×9 18

★58단 겉18

★59단 왼모×9 9

돗바늘에 실을 끼워 남은 9코를 통과시키고 잡아당겨 마무리합니다. 흰색 실로 방울을 만들어 모자 끝에 달아줍니다.

웨이브 모자

난이도 ★☆☆☆☆

리듬감있는 패턴을 넣어 만든 둥글넓적한 디자인의 모자입니다. 겉뜨기와 안뜨기만으로 재미있는 웨이브 무늬가 완성된답니다. 여리여리한 연분홍색 앙고라 실로 만들어 소녀소녀한 느낌을 가득 낼 수 있어요.

사이즈
- ★ 총 길이   9㎝
- ★ 모자 둘레 23~32㎝

준비물
- ★ 실   앙고라 2합 연분홍색 10g
- ★ 바늘 2㎜ 줄바늘이나 장갑바늘

게이지
- ★ 무늬뜨기 4.2코×6.6단(1㎝×1㎝)

How to Make

❶ 줄바늘이나 장갑바늘로 원형뜨기 합니다. 다루기 편한 바늘을 선택합니다.
❷ 원하는 길이만큼 뜨고 싶을 때는 줄임이 시작되기 전에 조절하고 줄입니다.
❸ 실이 약해서 완성 후 코를 실에 걸어 당길 때 잘 끊어질 수 있으니 다른 실을 대신 사용해도 됩니다.

웨이브 모자

뜨개기법 및 약어

- ★ 겉 겉뜨기
- ★ 안 안뜨기
- ★ 왼모 왼코 모아뜨기
- ★ 왼늘 왼코 늘리기

2㎜ 줄바늘이나 장갑바늘을 사용하여 연분홍색 실로 96코를 만들어 원형뜨기 합니다.

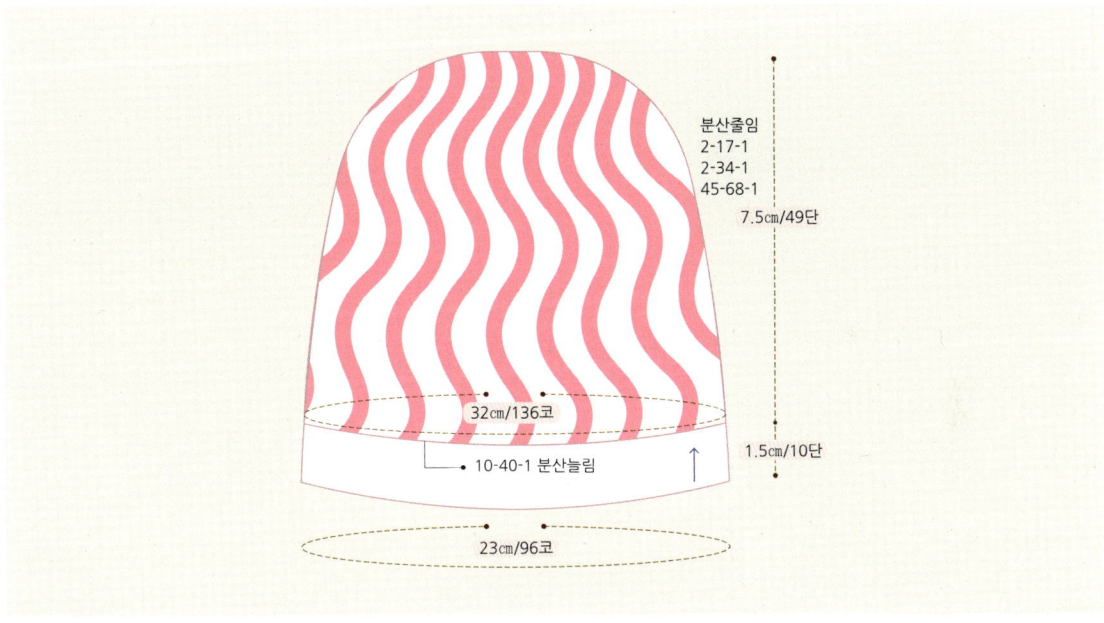

분산줄임
2-17-1
2-34-1
45-68-1

7.5㎝/49단

32㎝/136코

10-40-1 분산늘림

1.5㎝/10단

23㎝/96코

웨이브 모자

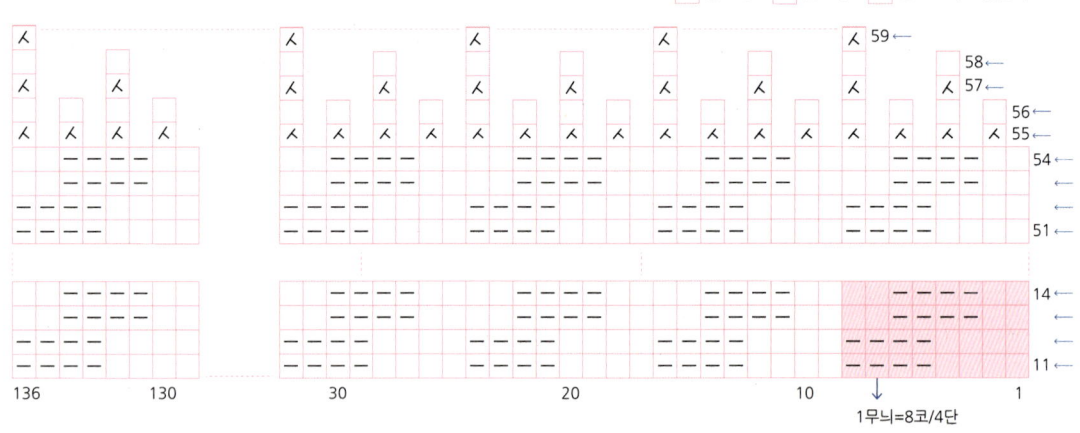

1무늬=8코/4단

- ★**1단** (겉1, 안1)×48 96
- ★**2단** 겉96
- ★**3~8단** 1~2단 3번 반복
- ★**9단** (겉1, 안1)×48
- ★**10단** (겉3, 왼늘)×8, (겉2, 왼늘)×12, (겉3, 왼늘)×8, (겉2, 왼늘)×12 136
- ★**11~12단** (겉4, 안4)×17
- ★**13~14단** 겉2, (안4, 겉4)×16, 안4, 겉2

- ★**15~54단** 11~14단 10번 반복
- ★**55단** 왼모68 68
- ★**56단** 겉68
- ★**57단** 왼모34 34
- ★**58단** 겉34
- ★**59단** 왼모17 17

돗바늘에 실을 끼워 17코를 통과한 뒤 잡아당겨 오므려서 마무리합니다.

마무리

❶ 돗바늘에 실을 끼워 모든 코를 통과합니다. 좀 더 단단하게 하기 위해 2번 통과해주는 것이 좋습니다.
❷ 안쪽 보이지 않는 코에 실을 매듭지어 마무리합니다.

자수 장갑 & 양말

난이도 ★★★☆☆

레이나의 작은 손과 발 사이즈에 맞춰 만들었더니 미니어처 같기도 한 자수 장갑과 양말입니다. 기본 디자인이지만 다양한 색으로 여러 개 만들어두고 옷에 맞춰 연출해 보세요. 양말은 응용 버전으로 발목 부분의 길이를 길게 만들고 반 접어 스타일링 해도 예쁘답니다. 작은 아이템으로도 전체 분위기가 확 달라지는 걸 느낄 수 있을 거예요.

사이즈
- ★ 장갑 길이   5cm
- ★ 장갑 둘레   6cm
- ★ 양말 길이   9.5cm (뒤꿈치 길이 포함)
- ★ 양말 둘레   7cm

게이지
- ★ 메리야스뜨기 4코×5.5단 (1cm×1cm)

준비물
- ★ 실   램스울 2합 보라색 10g, 노란색 약간,
         램스울 2합 아이보리네프사 10g
- ★ 바늘   1.5mm 또는 1.75mm 장갑바늘과 2mm 장갑바늘

How to Make

★ 자수 장갑
1. 2mm 바늘보다 한 사이즈 작은 바늘을 사용해 24코 잡아 원형뜨기로 시작합니다.
2. 손목의 고무단이 끝나면 2mm 바늘로 바꿔서 진행합니다.
3. 장갑은 레이나의 손에 맞게 엄지손가락만 분리된 미튼(손모아장갑) 스타일로 만듭니다.
4. 손목부터 손끝까지 떠내려가는 스타일로, 손끝 마무리를 쉽고 예쁘게 할 수 있습니다.
5. 손등 부분에 예쁜 꽃 자수 장식을 해 완성합니다.

★ 양말
1. 2mm 바늘보다 한 사이즈 작은 바늘을 사용해 28코 잡아 원형뜨기로 시작합니다.
2. 2코 고무뜨기로 발목을 뜬 뒤 2mm 바늘로 바꿔줍니다.
3. 양말 뒤꿈치 부분의 되돌아뜨기는 영상을 참고하세요.

뜨개기법 및 약어	★ 겉	겉뜨기	★ 왼모	왼코 모아뜨기	★ 걸러	걸러뜨기	실앞	뜨고 있는 실을 앞쪽으로 옮기기
	★ 안	안뜨기	★ 오모	오른코 모아뜨기	★ 턴	편물돌리기	실뒤	뜨고 있는 실을 뒤쪽으로 옮기기

자수 장갑

1.5mm나 1.75mm 장갑바늘을 사용하여 보라색 실로 24코를 만들어 원형뜨기 합니다. 장갑바늘 3개에 8코씩 나누고, 4번째 장갑바늘로 작업합니다.

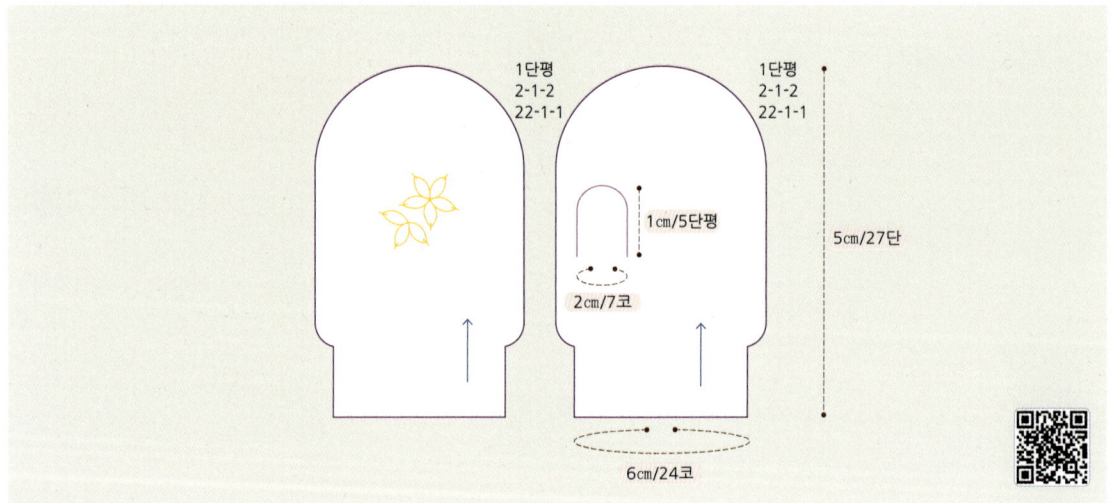

자수 장갑

□ 겉뜨기 ⊠ 오른코 모아뜨기(오모)
— 안뜨기 ⊠ 왼코 모아뜨기(왼모)

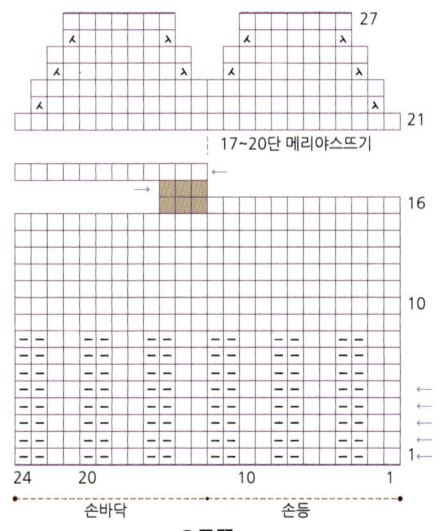

오른쪽

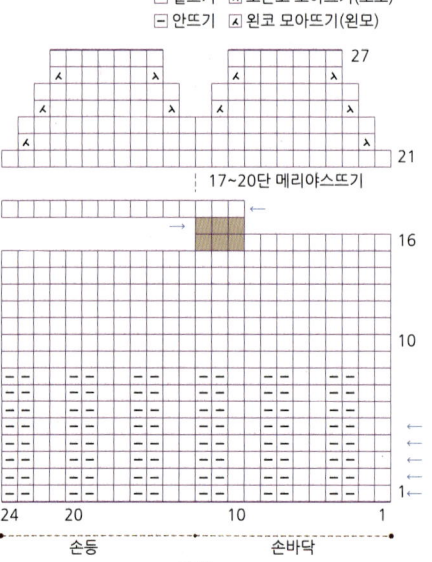

왼쪽

자수 장갑 & 양말

- ★ **1~8단** (겉2, 안2)×6

  9단부터 2㎜ 장갑바늘로 바꿔줍니다.

- ★ **9~15단** 겉24

  16단은 엄지의 자리를 표시해주는 단입니다.

- ★ **16단** · 오른쪽-보라색으로 겉12, 버림실로 겉3, 턴, 안3, 턴, 겉면에서 보라색으로 겉12
  · 왼쪽-보라색으로 겉9, 버림실로 겉3, 턴, 안3, 턴, 겉면에서 보라색으로 겉15

- ★ **17~21단** 겉24×5단

- ★ **22단** 오모, 겉20, 왼모 22

- ★ **23단** 겉22

- ★ **24단** (오모, 겉7, 왼모)×2 18

- ★ **25단** 겉18

- ★ **26단** (오모, 겉5, 왼모)×2 14

- ★ **27단** 겉14

  7코씩 마주대고 돗바늘로 메리야스잇기 합니다.

엄지

❶ 버림실을 풀어 위, 아래 5코를 바늘에 걸어주세요. 그리고 양쪽 끝에서 한 코씩 더 잡아 모두 7코로 작업합니다.
❷ 원형뜨기로 5단 떠올라간 뒤 실을 여유있게 남겨 잘라주고 돗바늘에 실을 끼워 코를 순서대로 옮겨줍니다.
❸ 실이 끊어지지 않도록 살짝 잡아당겨 매듭을 지어준 뒤 안쪽으로 정리해줍니다.

마무리

❶ 실꼬리는 정리하고 살짝 스팀다림을 합니다.
❷ 손등 부분에 레이지데이지 스티치를 수놓아줍니다.

(양말) 1.5mm나 1.75mm 줄바늘을 사용하여 아이보리색 실로 28코를 만들어 원형뜨기 합니다.

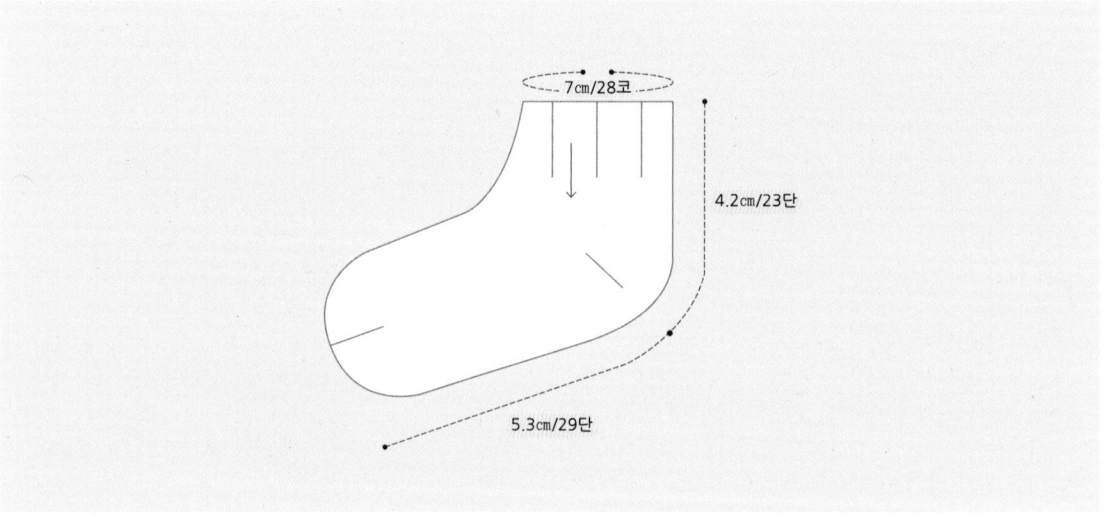

✧ ✧ ✧

★ 1~10단 (겉2, 안2)×7

11단부터 2mm 줄바늘로 바꾸기

★ 11~13단 겉28

★ 14단 겉27, 실앞, 걸러, 실뒤, 턴
지금부터는 되돌아뜨기로 평면뜨기 입니다.
❶ 걸러, 안12, 실뒤, 걸러, 실앞, 턴
❷ 걸러, 겉11, 실앞, 걸러, 실뒤, 턴
❸ 걸러, 안10, 실뒤, 걸러, 실앞, 턴
❹ 걸러, 겉9, 실앞, 걸러, 실뒤, 턴
❺ 걸러, 안8, 실뒤, 걸러, 실앞, 턴
❻ 걸러, 겉7, 실앞, 걸러, 실뒤, 턴
❼ 걸러, 안6, 실뒤, 걸러, 실앞, 턴
❽ 걸러, 겉5, 실앞, 걸러, 실뒤, 턴
❾ 걸러, 안4, 실뒤, 걸러, 실앞, 턴
정리하면서 한 번 더 되돌아뜨기
❿ 걸러, 겉4, 정리1코, 실앞, 걸러, 실뒤, 턴
⓫ 걸러, 안5, 정리1코, 실뒤, 걸러, 실앞, 턴
⓬ 걸러, 겉6, 정리1코, 실앞, 걸러, 실뒤, 턴
⓭ 걸러, 안7, 정리1코, 실뒤, 걸러, 실앞, 턴
⓮ 걸러, 겉8, 정리1코, 실앞, 걸러, 실뒤, 턴
⓯ 걸러, 안9, 정리1코, 실뒤, 걸러, 실앞, 턴
⓰ 걸러, 겉10, 정리1코, 실앞, 걸러, 실뒤, 턴
⓱ 걸러, 안11, 정리1코, 실뒤, 걸러, 실앞, 턴
⓲ 걸러, 겉12, 정리1코

★ 15단 원형뜨기 시작 겉14, 정리1코, 겉13

★ 16~28단 겉28×13단

★ 29단 (오모, 겉10, 왼모)×2 24

★ 30단 겉24

★ 31단 (오모, 겉8, 왼모)×2 20

★ 32단 겉20

★ 33단 (오모, 겉6, 왼모)×2 16

★ 34단 겉16

8코씩 마주대고 돗바늘로 메리야스잇기 합니다.

마무리

실꼬리는 정리하고 살짝 스팀다림을 합니다.

양말

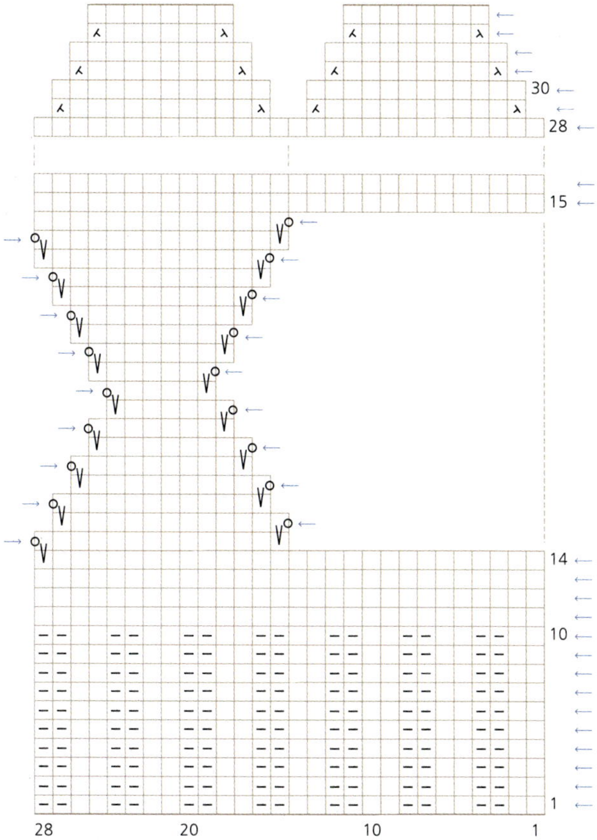
30
28
15
14
10
1
28
20
10
1

□ 겉뜨기
− 안뜨기
⅄ 오른코 모아뜨기(오모)
⅄ 왼코 모아뜨기(왼모)
되돌아뜨기 부분 (실앞, 걸러, 실뒤, 턴)
되돌아뜨기 부분 (실뒤, 걸러, 실앞, 턴)

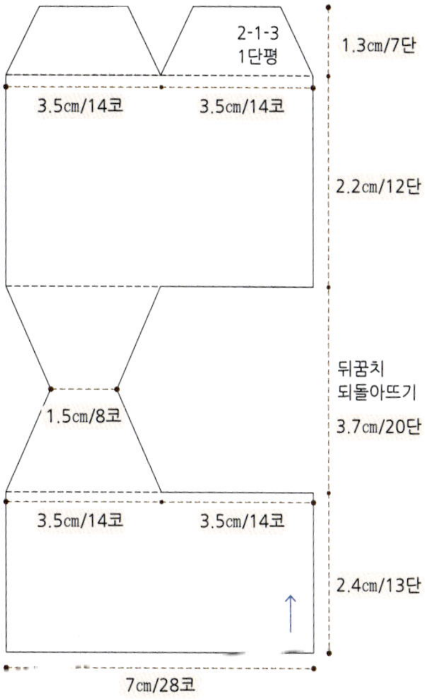
2-1-3
1단평
1.3㎝/7단
3.5㎝/14코
3.5㎝/14코
2.2㎝/12단
뒤꿈치
되돌아뜨기
1.5㎝/8코
3.7㎝/20단
3.5㎝/14코
3.5㎝/14코
2.4㎝/13단
7㎝/28코

→ 이 방향으로 뜨는 단은 보이는 기호의 반대로 뜹니다.
예) 뒷면에서 뜨기 때문에 겉뜨기는 안뜨기로, 안뜨기는 겉뜨기로 뜹니다.

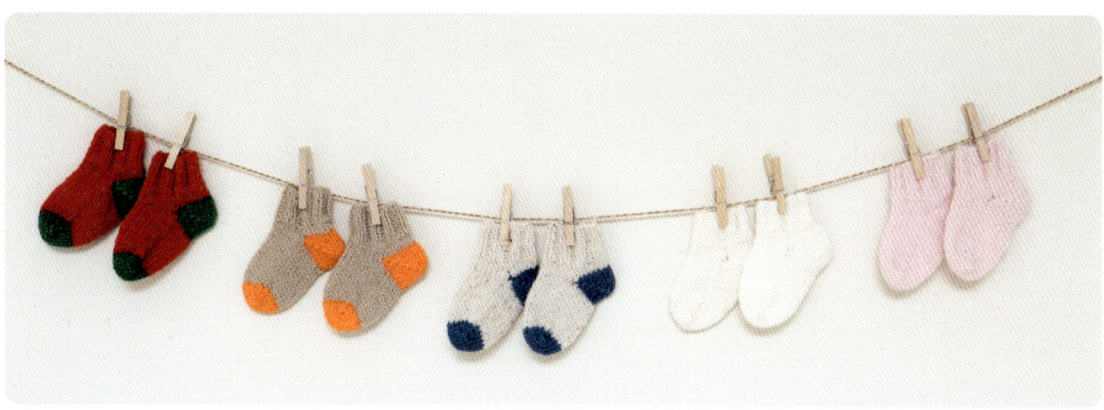

동물 캐릭터 백팩

난이도 ★★☆☆☆

배낭 뚜껑에 동물 캐릭터를 넣어 귀엽게 표현한 가방으로, 코바늘의 기본인 짧은뜨기만으로도 쉽게 만들 수 있는 아이템입니다. '동물 친구 래글런 풀오버'와 커플 아이템처럼 연출해도 좋을 것 같지요? 가방 핸들과 몸판 연결도 의외로 어렵지 않기 때문에 초보자도 도전해보길 추천합니다.

사이즈
- ★ 가로　7cm
- ★ 세로　8cm(가방 뚜껑 제외)

게이지
- ★ 짧은뜨기 3.5코×4단(1cm×1cm)

준비물
- ★ 실
  - 램스울 3합: 청개구리 - 레몬색10g, 초록색5g
  - 쥐돌이 - 흰색10g, 회색5g
  - 토순이 - 연분홍색10g, 흰색5g
  - 램스울 2합: 청개구리 - 검정색·초록색 약간씩
  - 쥐돌이 - 연분홍색·주황색·검정색·회색 약간씩
  - 토순이 - 진분홍색·연분홍색·검정색·흰색 약간씩
- ★ 바늘　레이스 0호와 4호 코바늘
- ★ 부재료　흰색단추 2개(청개구리), 스냅단추 각 1개씩

How to Make

1. 가방 몸판은 바닥에서 원형으로 시작해 위로 올라가며 뜹니다.
2. 몸판을 뜰 때는 기둥코와 빼뜨기 없이 짧은뜨기로만 작업합니다.
3. 가방 뚜껑은 따로 떠서 몸판에 감침질로 연결합니다.
4. 가방 뚜껑 연결 전에 뚜껑에 캐릭터를 꾸며줍니다.
5. 가방 손잡이도 따로 떠서 연결합니다.

뜨개기법 및 약어　★ 짧　짧은뜨기　　★ 턴　편물을 뒤로 돌리기　　★ 사슬뜨기　　★ 빼뜨기

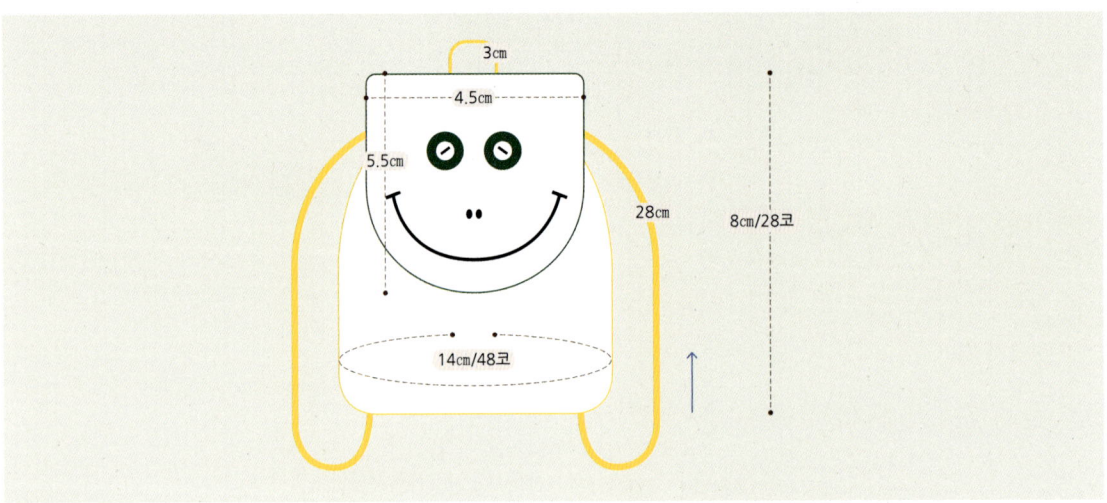

✧✧✧
(몸판)

레이스 0호 코바늘과 램스울 3합으로 사슬뜨기 20코를 만들어 원형뜨기 합니다.
기둥코와 빼뜨기 없이 짧은뜨기로만 작업합니다.

★ **1단** 기둥코1, 짧19, 한코에 짧3, 짧18, 한코에 짧2　42

★ **2단** 한코에 짧2, 짧18, (한코에 짧2)×3, 짧18, (한코에 짧2)×2　48

★ **3~28단** (짧48)×26단

빼뜨기 2번하고 마무리합니다.

(가방 뚜껑)

레이스 0호 코바늘과 램스울 3합으로 사슬뜨기 14코를 만들어 타원의 절반 자른 모양으로 평면뜨기 합니다.

★ **1단** 기둥코1, 짧13, 한코에 짧3, 짧13, 턴　29

★ **2단** 기둥코1, 짧13, (한코에 짧2)×3, 짧13, 턴　32

★ **3단** 기둥코1, 짧13, (한코에 짧2, 짧1)×3, 짧13, 턴　35

★ **4단** 기둥코1, 짧13, (한코에 짧2, 짧2)×3, 짧13, 턴　38

★ **5단** 기둥코1, 짧13, (짧1, 한코에 짧2, 짧2)×3, 짧13, 턴　41

★ **6단** 기둥코1, 짧13, (짧1, 한코에 짧2, 짧3)×3, 짧13, 턴　44

★ **7단** 기둥코1, 짧13, (짧2, 한코에 짧2, 짧3)×3, 짧13, 턴　47

★ **8단** 기둥코1, 짧13, (한코에 짧2, 짧6)×3, 짧13, 턴　50

★ **9단** 기둥코1, 짧13, (한코에 짧2, 짧7)×3, 짧13, 턴　53

실을 여유있게 남기고 자릅니다.

(가방 입구 끈)

레이스 0호 코바늘과 램스울 3합으로 사슬뜨기 25㎝ 정도 떠서 마무리합니다.

(가방 입구 조리개)

레이스 4호 코바늘과 램스울 2합으로 사슬뜨기 10코를 만들고 첫 번째 코에 빼뜨기해서 원형으로 만든 뒤 시작합니다.

★ **1~2단** 기둥코1, 짧10, 빼뜨기

가방 바닥 - 레이스 0호 코바늘 : 원형뜨기/램스울 3합

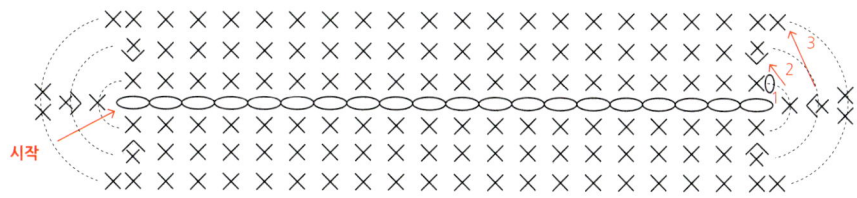

가방 뚜껑 - 레이스 0호 코바늘 : 평면뜨기/램스울 3합

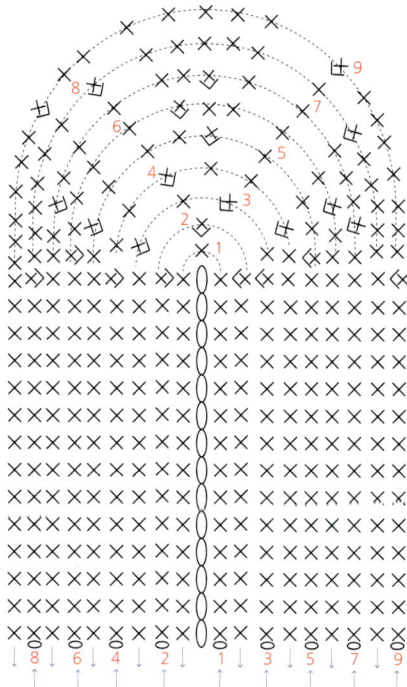

가방 끈 - 레이스 0호 코바늘 : 램스울 3합
가방 조리개 - 레이스 4호 코바늘 : 램스울 2합

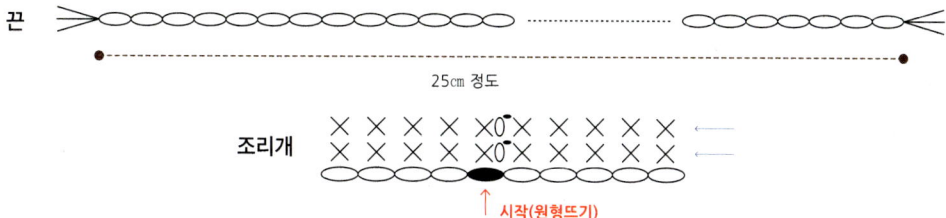

(가방 손잡이)

❶ 레이스 0호 코바늘과 램스울 3합으로 사슬뜨기 10코를 만들어 시작합니다.
❷ 다음 단에 기둥코1과, 짧10를 뜨고, 실을 여유있게 남기고 자릅니다.

(가방 어깨끈)

❶ 레이스 0호 코바늘과 램스울 3합으로 사슬뜨기를 35㎝ 정도 뜹니다.
❷ 다음 단에 기둥코1, 짧은뜨기를 계속 반복하면서 28㎝까지만 뜨고 실을 여유있게 남긴 뒤 자릅니다. 남은 사슬뜨기도 자르고 정리합니다.

(청개구리 장식)

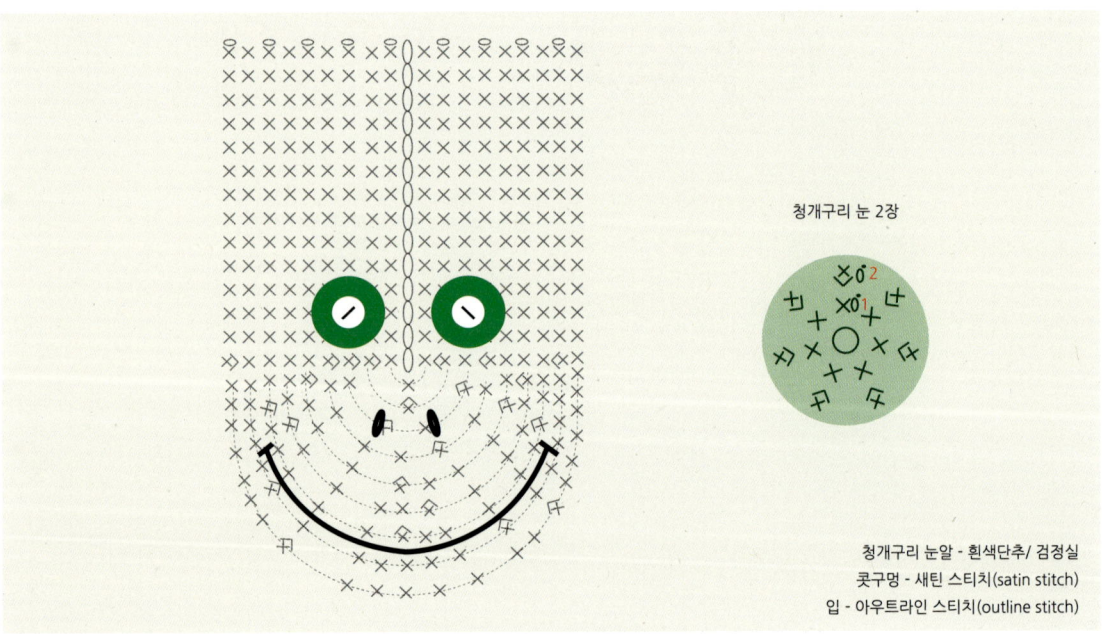

청개구리 눈 2장

청개구리 눈알 - 흰색단추/ 검정실
콧구멍 - 새틴 스티치(satin stitch)
입 - 아웃트라인 스티치(outline stitch)

◇◇◇

(청개구리 눈)

레이스 4호 코바늘과 램스울 2합 초록색으로 원형뜨기 합니다.
2장을 만듭니다.

★ **1단** 매직링을 만들어 기둥코1, 짧7, 빼뜨기 **7**

★ **2단** 한코에 짧2×7, 빼뜨기 **14**

실은 여유있게 남기고 자릅니다.

꾸미기와 마무리

❶ 청개구리 눈을 적당한 위치에 놓고, 그 위에 흰색 단추를 중앙에 올려 검정색 실로 달아 눈 2개를 완성합니다.
❷ 콧구멍은 램스울 2합 검정색 실을 사용하여 새틴 스티치로 표현합니다.
❸ 입은 램스울 2합 검정색 실을 사용하여 아웃트라인 스티치로 웃는 모양을 표현합니다.

동물 캐릭터 백팩

(쥐돌이 장식)

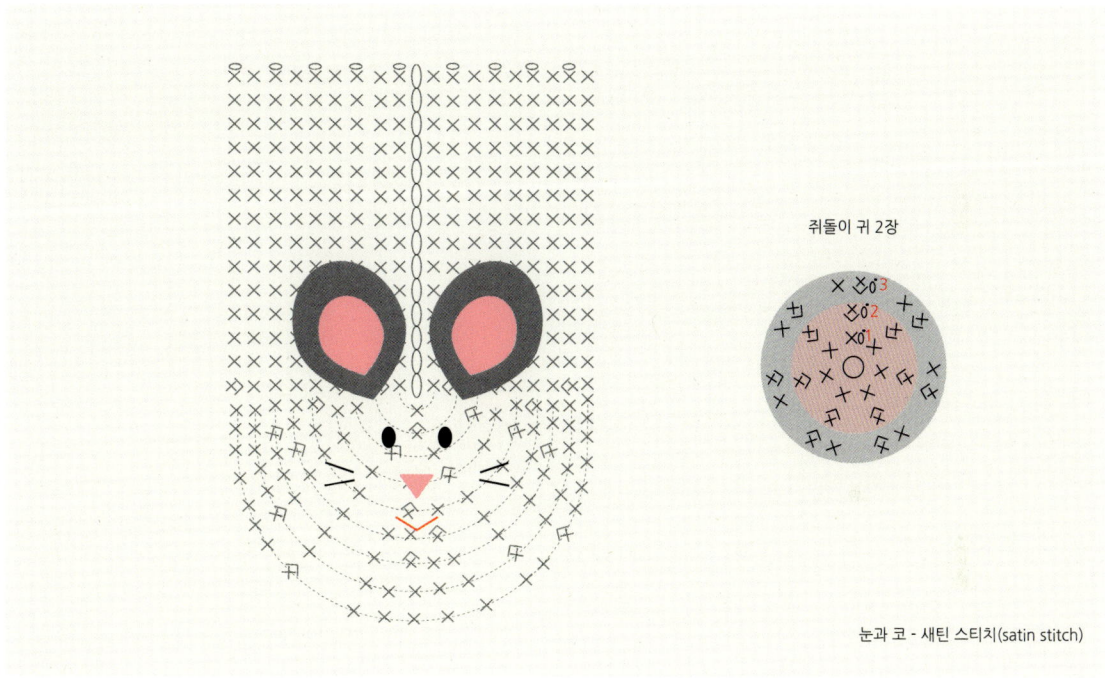

눈과 코 - 새틴 스티치(satin stitch)

쥐돌이 귀 2장

(쥐돌이 귀)

레이스 4호 코바늘과 램스울 2합 연분홍색으로 원형뜨기 합니다.
2장을 만듭니다.

★ **1단** 매직링을 만들어 기둥코1, 짧7, 빼뜨기 7

★ **2단** 기둥코1, 한코에 짧2×7, 빼뜨기 14

★ **3단** 회색으로 기둥코1, (한코에 짧2, 짧1)×7, 빼뜨기 21

꾸미기와 마무리

❶ 원형으로 만들어진 쥐돌이 귀 한쪽을 물방울 모양으로 뾰족하게 접어서 적당한 위치에 꿰매 귀 2개를 완성합니다.
❷ 눈은 램스울 2합 검정색 실로 3땀 정도 새틴 스티치, 코는 램스울 2합 연분홍색 실로 삼각형 모양 새틴 스티치합니다.
❸ 입은 램스울 2합 주황색 실로 한 땀씩 떠서 V모양으로 표현합니다.
❹ 수염도 램스울 2합 검정색 실로 한 땀씩 떠서 표현합니다.

(토순이 장식)

토순이 귀 2장

눈과 코 - 새틴 스티치(satin stitch)

(토순이 귀)

레이스 4호 코바늘과 램스울 2합 흰색으로 원형뜨기 합니다.
2장을 만듭니다.

★ **1단** 사슬뜨기 10코를 만들어 기둥코1, 짧9, 한코에 짧3, 짧8, 한코에 짧2, 빼뜨기 **22**

★ **2단** 연분홍으로 기둥코1, 한코에 짧2, 짧8, 한코에 짧2×3, 짧은뜨기8, 한코에 짧2×2, 빼뜨기 **28**

★ **3단** 기둥코1, 짧1, 한코에 짧2, 짧8, (짧1, 한코에 짧2)×3, 짧8, (짧1, 한코에 짧2)×2번, 빼뜨기 **34**

꾸미기와 마무리

❶ 타원형으로 만들어진 토순이 귀 한쪽을 뾰족하게 접어서 적당한 위치에 꿰매 귀 2개를 완성합니다.
❷ 눈은 램스울 2합 검정색 실로 3땀 정도 새틴 스티치, 코는 램스울 2합 진분홍색 실로 삼각형 모양 새틴 스티치합니다.
❸ 입은 램스울 2합 진분홍색 실로 한 땀씩 떠서 ↓모양으로 표현합니다.

동물 캐릭터 백팩

마무리 도안

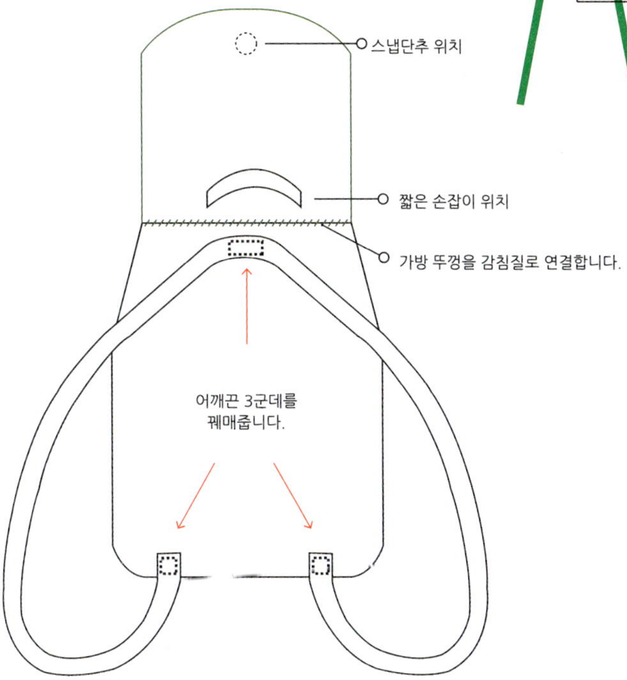

- 가방입구
- 끈
- 조리개
- 절반을 접고 중심을 꿰매서 양쪽을 분리 시킨 뒤 끈을 통과시킵니다.
- 스냅단추 위치
- 짧은 손잡이 위치
- 가방 뚜껑을 감침질로 연결합니다.
- 어깨끈 3군데를 꿰매줍니다.

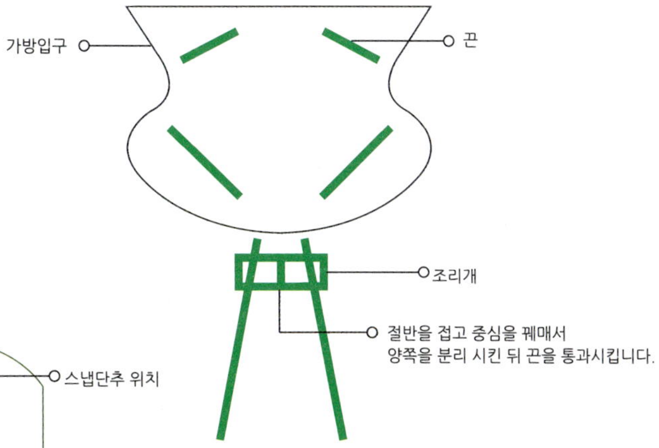

마무리

★ **마무리 도안 참고**
1. 가방 입구에 조리개 끈을 그림처럼 통과시킵니다.
2. 조리개의 절반을 접어서 중심을 꿰맨 뒤 양쪽을 분리시켜 각각 끈을 통과시킵니다.
3. 몸판과 뚜껑을 감침질로 연결합니다.
4. 짧은 손잡이를 뚜껑 맨 위 중앙에 달아줍니다.
5. 어깨끈도 뒤판 위쪽 중앙과 아래쪽 양끝으로 달아줍니다.
6. 스냅단추 1개를 가방 몸판과 뚜껑의 적당한 위치에 달아줍니다.

나뭇잎 핸드백

난이도 ★★★☆☆

핸드백 덮개 부분에 나뭇잎 무늬를 넣은 나뭇잎 핸드백입니다. 몸통 부분은 심플하게 디자인했고, 단추와 금속 핸들로 포인트를 주었습니다. 정장에 매치하면 차분하지만 포인트가 되어 주고, 캐주얼에 매치하면 깔끔하게 어울리는 만능코디 아이템입니다.

사이즈
- ★ **가방 둘레** 13㎝
- ★ **가방 높이** 4㎝(체인 제외)

게이지
- ★ 3:2 고무단무늬 4.8코×5.5단(1㎝×1㎝)

준비물
- ★ **실** 램스울 2합 5g
- ★ **바늘** 2㎜ 줄바늘이나 장갑바늘, 레이스 4호 코바늘
- ★ **부재료** 단추 1개, 체인 가방끈, 장식 테슬, 오링 3개

How to Make

❶ 가방 덮개부터 시작해서 바닥으로 떠내려가는 방식입니다.
❷ 가방 덮개는 평면으로 뜨고, 몸판은 원형으로 뜹니다.
❸ 바닥만 메리야스잇기로 연결합니다.
❹ 가방 끈은 체인으로, 장식으로는 테슬을 달아주면 좋습니다.

뜨개기법 및 약어	대바늘						코바늘	
	★ 겉	겉뜨기	★ 겉꼬	겉뜨기로 꼬아뜨기	★ 왼3모	왼코 3코 모아뜨기	★ 사슬뜨기	
	★ 안	안뜨기	★ 안꼬	안뜨기로 꼬아뜨기	★ 오3모	오른코 3코 모아뜨기	★ 빼뜨기	
	★ 바비	바늘 비우기	★ 왼모	왼코 모아뜨기				
	★ 감	감아코	★ 오모	오른코 모아뜨기				

램스울 2합과 2㎜ 줄바늘로 11코를 만들어 시작합니다.

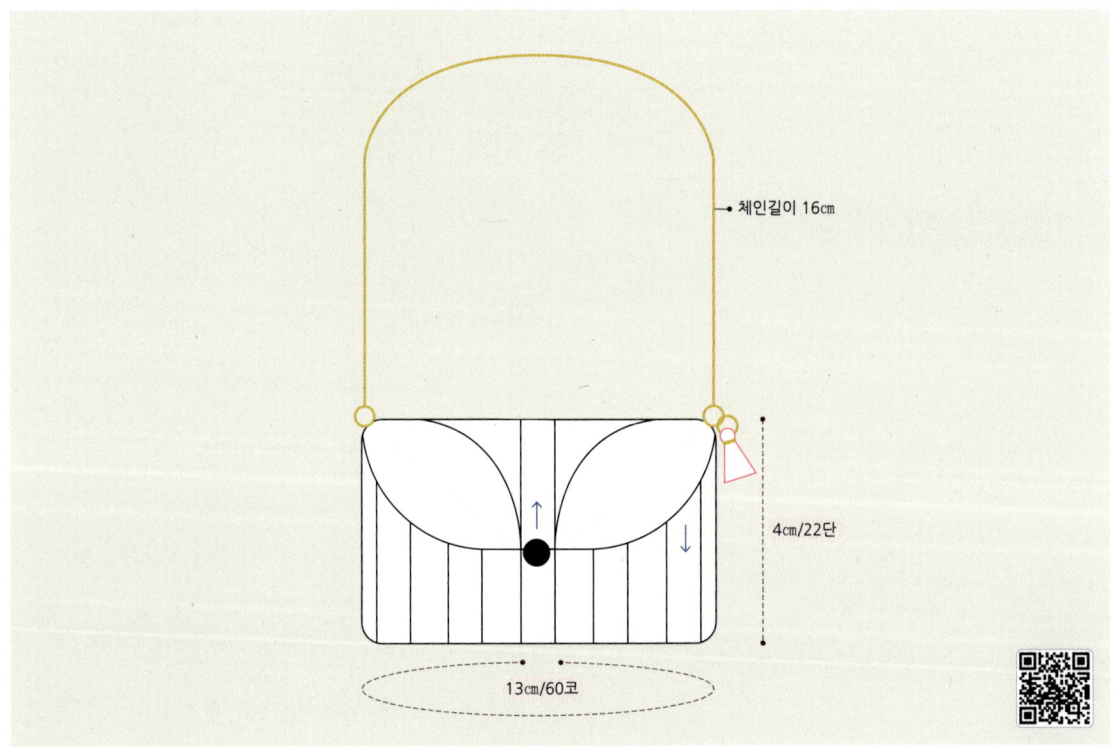

체인길이 16cm

4cm/22단

13cm/60코

(가방 덮개)

★ **1단** 안11

★ **2단** 겉2, (바비, 겉1)×2, 겉3, (겉1, 바비)×2, 겉2 15

★ **3단** 안6, 겉1, 바비, 안1, 바비, 겉1, 안6 17

★ **4단** 겉3, (바비, 겉1)×2, 겉1, 안1, 겉꼬1, 겉1, 겉꼬1, 안1, 겉1, (겉1, 바비)×2, 겉3 21

★ **5단** 안8, 겉1, 바비, 안3, 바비, 겉1, 안8 23

★ **6단** 겉4, (바비, 겉1)×2, 겉2, 안1, 안꼬1, 겉3, 안꼬1, 안1, 겉2, (겉1, 바비)×2, 겉4 27

★ **7단** 안10, 겉1, 바비, 안1, 겉3, 안1, 바비, 겉1, 안10 29

★ **8단** 겉5, (바비, 겉1)×2, 겉3, 안1, 안꼬1, 겉1, 겉3, 안1, 안꼬1, 안1, 겉3, (겉1, 바비)×2, 겉5 33

★ **9단** 안12, 겉1, 바비, 겉2, 안3, 겉2, 바비, 겉1, 안12 35

핸드백

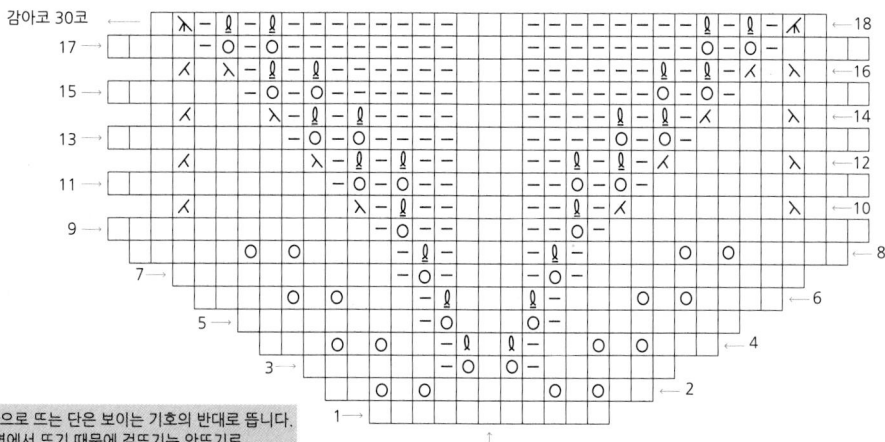

→ 이 방향으로 뜨는 단은 보이는 기호의 반대로 뜹니다.
예) 뒷면에서 뜨기 때문에 걸뜨기는 안뜨기로,
안뜨기는 걸뜨기로 뜹니다.

★ **10단** 겉1, 오모, 겉7, 왼모, 안1, 안꼬1, 안2, 겉3, 안2, 안꼬1, 안1, 오모, 겉7, 왼모, 겉1 31

★ **11단** 안10, (겉1, 바비)×2, 겉2, 안3, 겉2, (바비, 겉1)×2, 안10 35

★ **12단** 겉1, 오모, 겉5, 왼모, (안1, 안꼬1)×2, 안2, 겉3, 안2, (안꼬1, 안1)×2, 오모, 겉5, 왼모, 겉1 31

★ **13단** 안8, (겉1, 바비)×2, 겉4, 안3, 겉4, (바비, 겉1)×2, 안8 35

★ **14단** 겉1, 오모, 겉3, 왼모, (안1, 안꼬1)×2, 안4, 겉3, 안4, (안꼬1, 안1)×2, 오모, 겉3, 왼모, 겉1 31

★ **15단** 안6, (겉1, 바비)×2, 겉6, 안3, 겉6, (바비, 겉1)×2, 안6 35

★ **16단** 겉1, 오모, 겉1, 왼모, (안1, 안꼬1)×2, 안6, 겉3, 안6, (안꼬1, 안1)×2, 오모, 겉1, 왼모, 겉1 31

★ **17단** 안4, (겉1, 바비)×2, 겉8, 안3, 겉8, (바비, 겉1)×2, 안4 35

★ **18단** 겉1, 왼3모, (안1, 안꼬1)×2, 안8, 겉3, 안8, (안꼬1, 안1)×2, 오3모, 겉1, 감30 61

〈 가방 몸통과 바닥 부분 〉

★ **19단** 원형뜨기 시작, 왼모, (안2, 겉3)×11, 안2, 겉2 60

★ **20~39단** 겉1, (안2, 겉3)×11, 안2, 겉2을 21단

★ **40단** 겉1, (안왼모, 겉3)×11, 안왼모, 겉2 48

★ **41단** 1코 코막음, 안20, 3코 코막음, 안20, 겉2

편물을 뒤로 돌려서 뜹니다. 원형뜨기는 41단까지만 합니다.

★ **42단** 2코 코막음, 안20, 메리야스잇기할 실을 남겨놓고 자릅니다. 3코 코막음을 중심으로 양쪽에 21코씩 걸려 있습니다.

마무리

① 21코씩 남아있는 코를 서로 맞대고 돗바늘로 메리야스잇기 합니다.
메리야스잇기가 어렵다면 안쪽에서 겉끼리 맞대고 2코를 한 번에 겉뜨기하면서 코막음 합니다.
② 3코 코막음한 바닥 옆선 부분도 돗바늘로 메리야스잇기 합니다. 간단하게 감침질해도 됩니다.
③ 가방 덮개의 단춧구멍은 11코 만들 때 남은 실로 레이스 4호 코바늘을 사용하여 사슬뜨기 3코, 시작코에 빼뜨기로 마무리합니다.
④ 가방 옆면 윗부분 양쪽에 오링으로 가방끈 체인을 연결합니다.
⑤ 테슬도 오링에 걸어서 한쪽에 장식합니다.
⑥ 단춧구멍 위치에 맞춰서 단추를 답니다.

니트 마스크

난이도 ★★☆☆☆

코로나19 이후로 우리 생활의 필수품이 되어버린 마스크를 직접 만들어 보면 어떨까요? 촉감 좋은 면사를 이용해 만들면 기성품보다 더 편하고 경제적일 거예요. 만들기도 어렵지 않으니 여러 개 만들어 주변에 선물해 보는 것도 좋을 것 같습니다. 레이나에게 똑같이 만들어 주는 것도 잊지 마세요!

사이즈
- ★ 가로   7.5㎝(인형용), 22㎝(성인용), 끈 길이 제외
- ★ 세로   2.5~4.5㎝(인형용), 6.5~14.5㎝(성인용)

게이지
- ★ 인형용 - 메리야스뜨기 4코×5단(1㎝×1㎝)
- ★ 성인용 - 메리야스뜨기 24코×32단(10㎝×10㎝)

준비물
- ★ 실   인형용 - 램스울 2합 약간
         성인용 - 100% 면사 20g
- ★ 바늘 인형용 - 2㎜ 줄바늘, 레이스 4호 코바늘
         성인용 - 3㎜ 줄바늘, 모사용 5호 코바늘

How to Make

❶ 아래(턱 부분)에서 위(코 부분)로 뜨는 방식입니다.
❷ 턱 아래쪽을 감싸도록 되돌아뜨기 방법을 사용했습니다.
❸ 윗부분에서도 한 번 더 되돌아뜨기를 합니다.
❹ 코막음은 꼼꼼하게 해주세요.
❺ 끈은 간단하게 사슬뜨기만 합니다.
❻ 끈을 끼우는 부분은 양쪽을 접어서 감침질로 꿰매줍니다.

뜨개기법 및 약어	★겉 겉뜨기	★실앞 실을 앞쪽으로 옮기기	★걸러 걸러뜨기	★메 메리야스뜨기
	★안 안뜨기	★실뒤 실을 뒤쪽으로 옮기기	★턴 편물을 반대방향으로 돌리기	★사슬뜨기(코바늘)

2㎜ 줄바늘과 램스울 2합 실로 30코를 만들어 시작합니다.
코를 만들기 전에 실꼬리 여유분을 충분히 주어 마스크끈 뜰 때 사용합니다.

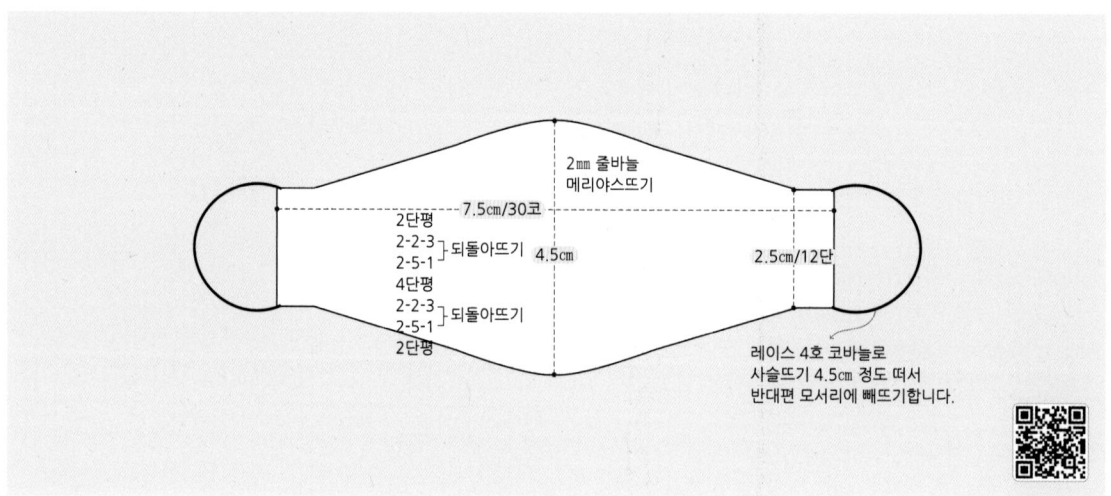

◇ ◇ ◇

★ **1~2단** (겉1, 안1)×15을 2단

★ **3단** 되돌아뜨기 부분
  ❶ 겉25, 실앞, 걸러, 실뒤, 턴
  ❷ 걸러, 안20, 실뒤, 걸러, 실앞, 턴
  ❸ 걸러, 겉18, 실앞, 걸러, 실뒤, 턴
  ❹ 걸러, 안16, 실뒤, 걸러, 실앞, 턴
  ❺ 걸러, 겉14, 실앞, 걸러, 실뒤, 턴
  ❻ 걸러, 안12, 실뒤, 걸러, 실앞, 턴
  ❼ 걸러, 겉10, 실앞, 걸러, 실뒤, 턴
  ❽ 걸러, 안8 실뒤, 걸러, 실앞, 턴
  ❾ 걸러, 겉8, (정리1코, 겉1)×4, 겉3

★ **4단** 안19, (정리1코, 안1)×4, 안3

★ **5~8단** 메×4단

★ **9~10단** 3~4단 1번 반복

★ **11~12단** (겉1, 안1)×15을 2단

겉뜨기는 겉뜨기로, 안뜨기는 안뜨기로 뜨면서 타이트하게 코막음 합니다.
마무리를 참고하여, 실을 끊지 않고 마스크 끈을 뜹니다.

마무리

❶ 마스크를 다 뜬 뒤 실을 끊지 않고 레이스 4호 코바늘로 사슬뜨기를 4.5㎝ 정도 뜬 뒤 반대편 모서리에서 빼뜨기하고 마무리합니다.

❷ 반대편 마스크 끈은 시작할 때 여유로 남겨놓은 실꼬리를 가지고 ❶과 같은 방법으로 만듭니다.

니트 마스크

인형용 마스크

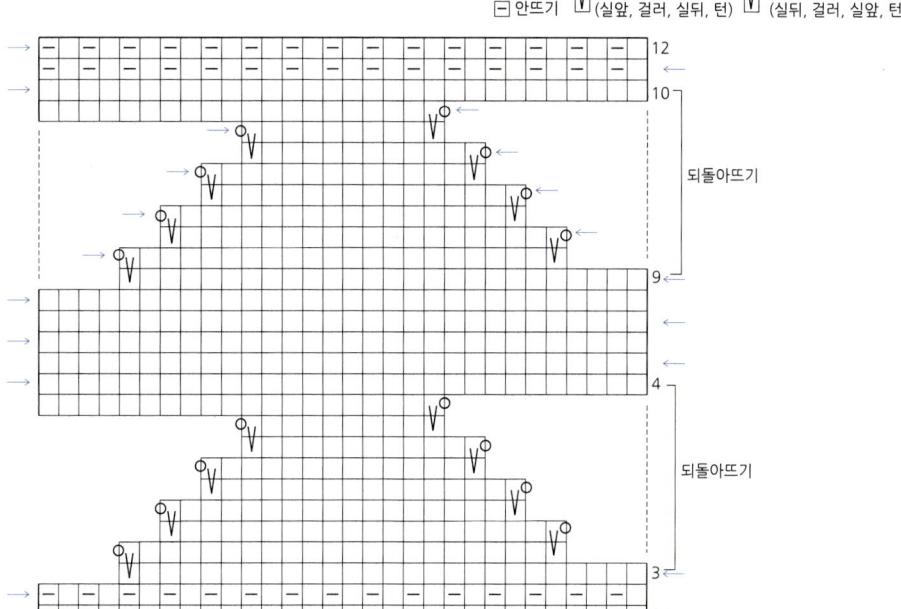

□ 겉뜨기   ⚬V 되돌아뜨기 부분 (실앞, 걸러, 실뒤, 턴)   ⚬V 되돌아뜨기 부분 (실뒤, 걸러, 실앞, 턴)
⊟ 안뜨기

→ 이 방향으로 뜨는 단은 보이는 기호의 반대로 뜹니다.
예) 뒷면에서 뜨기 때문에 겉뜨기는 안뜨기로, 안뜨기는 겉뜨기로 뜹니다.

(마스크 DIY)

3㎜ 줄바늘과 면실로 60코를 만들어 시작합니다.

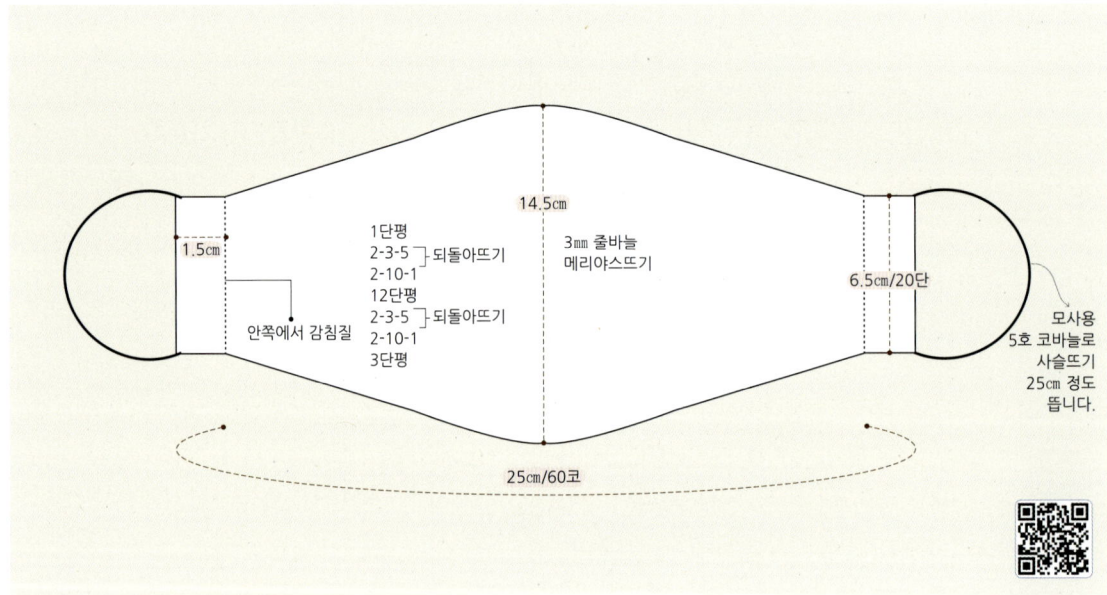

★ 1~2단 (겉1, 안1)×30을 2단

★ 3단 안

★ 4단 되돌아뜨기 부분
   ① 겉50, 실앞, 걸러, 실뒤, 턴
   ② 걸러, 안40, 실뒤, 걸러, 실앞, 턴
   ③ 걸러, 겉37, 실앞, 걸러, 실뒤, 턴
   ④ 걸러, 안34, 실뒤, 걸러, 실앞, 턴
   ⑤ 걸러, 겉31, 실앞, 걸러, 실뒤, 턴
   ⑥ 걸러, 안28, 실뒤, 걸러, 실앞, 턴
   ⑦ 걸러, 겉25, 실앞, 걸러, 실뒤, 턴
   ⑧ 걸러, 안22, 실뒤, 걸러, 실앞, 턴
   ⑨ 걸러, 겉19, 실앞, 걸러, 실뒤, 턴
   ⑩ 걸러, 안16 실뒤, 걸러, 실앞, 턴
   ⑪ 걸러, 겉13, 실앞, 걸러, 실뒤, 턴
   ⑫ 걸러, 안10, 실뒤, 걸러, 실앞, 턴
   ⑬ 걸러, 겉10, (정리1코, 겉2)×6, 겉7

★ 5단 안35, (정리1코, 안2)×6, 안7

★ 6~17단 메×12단

★ 18~19단 4~5단 반복

★ 20단 (겉1, 안1)×30

겉뜨기는 겉뜨기로, 안뜨기는 안뜨기로 뜨면서 타이트하게 코막음 합니다.

마무리

① 마스크 끈은 면실과 모사용 5호 코바늘로 사슬뜨기를 25㎝ 정도 떠서 총 2개를 만듭니다.
② 마스크 양쪽 4코 정도되는 부분을 안쪽으로 접은 뒤 돗바늘로 감침질합니다. 마스크 끈을 코바늘로 끼워 양끝을 묶어줍니다.

bonus 레이나와 커플 아이템, 마스크 DIY

성인용 마스크

□ 겉뜨기　V 되돌아뜨기 부분 (실앞, 걸러, 실뒤, 턴)　V 되돌아뜨기 부분 (실뒤, 걸러, 실앞, 턴)
− 안뜨기

접어서 감침질합니다.

되돌아뜨기

되돌아뜨기

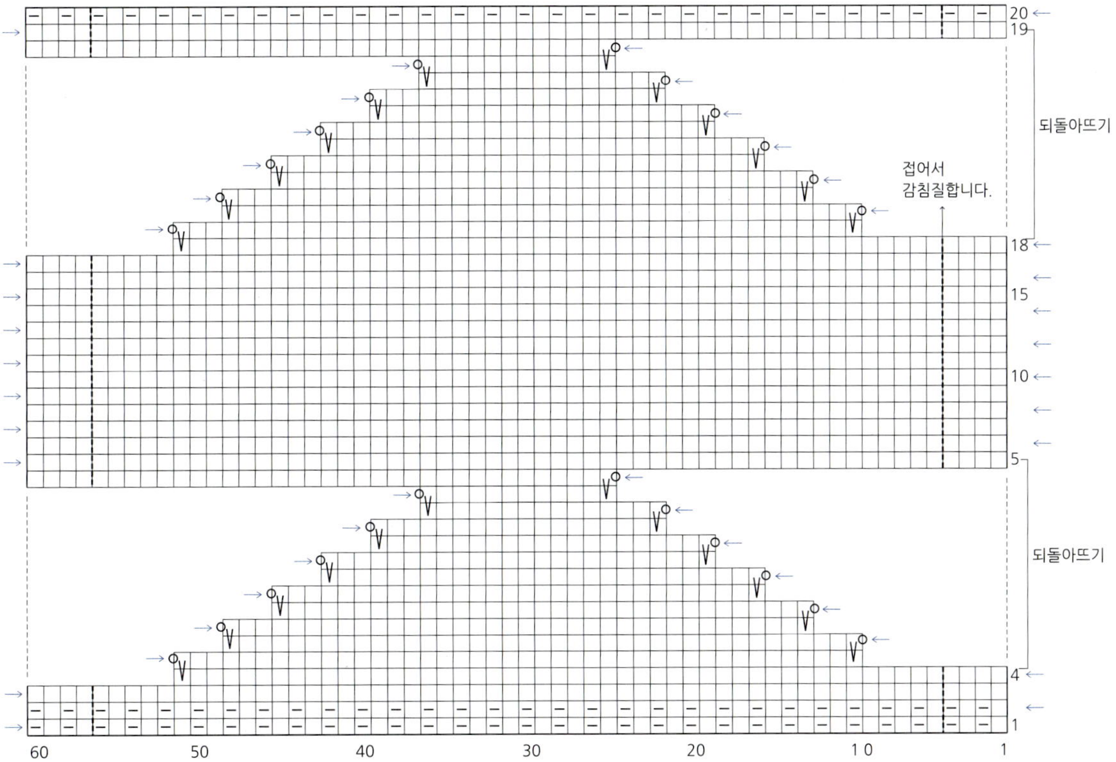

→ 이 방향으로 뜨는 단은 보이는 기호의 반대로 뜹니다.
예) 뒷면에서 뜨기 때문에 겉뜨기는 안뜨기로, 안뜨기는 겉뜨기로 뜹니다.

비하인드 컷

Foreign Copyright: Joonwon Lee
Address: 3F, 127, Yanghwa-ro, Mapo-gu, Seoul, Republic of Korea
          3rd Floor
Telephone: 82-2-3142-4151, 82-10-4624-6629
E-mail: jwlee@cyber.co.kr

예쁜손뜨개의 인형 옷·소품 DIY
나의 소중한 파올라 레이나를 위하여

2021. 1. 12. 1판 1쇄 발행
2022. 9. 14. 1판 3쇄 발행

저자와의 협의하에 검인생략

지은이 | 예쁜손뜨개
펴낸이 | 이종춘
펴낸곳 | BM (주)도서출판 성안당
주소 | 04032 서울시 마포구 양화로 127 첨단빌딩 3층(출판기획 R&D 센터)
       10881 경기도 파주시 문발로 112 파주 출판 문화도시(제작 및 물류)
전화 | 02) 3142-0036
     | 031) 950-6300
팩스 | 031) 955-0510
등록 | 1973. 2. 1. 제406-2005-000046호
출판사 홈페이지 | www.cyber.co.kr
ISBN | 978-89-315-9038-8 (13630)
정가 | 22,000원

이 책을 만든 사람들
책임 | 최옥현
기획 | 조혜란
진행·편집 | 정지현
교정·교열 | 김하영
본문·표지 디자인 | 글자와 기록사이
홍보 | 김계향, 이보람, 유미나, 이준영
국제부 | 이선민, 조혜란, 권수경
마케팅 | 구본철, 차정욱, 오영일, 나진호, 강호묵
마케팅 지원 | 장상범, 박지연
제작 | 김유석

이 책의 어느 부분도 저작권자나 BM (주)도서출판 성안당 발행인의 승인 문서 없이 일부 또는 전부를 사진 복사나 디스크 복사 및 기타 정보 재생 시스템을 비롯하여 현재 알려지거나 향후 발명될 어떤 전기적, 기계적 또는 다른 수단을 통해 복사하거나 재생하거나 이용할 수 없음.

■ 도서 A/S 안내

성안당에서 발행하는 모든 도서는 저자와 출판사, 그리고 독자가 함께 만들어 나갑니다.
좋은 책을 펴내기 위해 많은 노력을 기울이고 있습니다. 혹시라도 내용상의 오류나 오탈자 등이 발견되면 **"좋은 책은 나라의 보배"**로서 우리 모두가 함께 만들어 간다는 마음으로 연락주시기 바랍니다. 수정 보완하여 더 나은 책이 되도록 최선을 다하겠습니다.
성안당은 늘 독자 여러분들의 소중한 의견을 기다리고 있습니다. 좋은 의견을 보내주시는 분께는 성안당 쇼핑몰의 포인트(3,000포인트)를 적립해 드립니다.
잘못 만들어진 책이나 부록 등이 파손된 경우에는 교환해 드립니다.